D1718542

Franz Liszts Weimarer Bibliothek

Weimarer Liszt-Studien

Im Auftrag der
Franz-Liszt-Gesellschaft e. V. Weimar
herausgegeben von
Detlef Altenburg

Band 2

Franz Liszts Weimarer Bibliothek

von

Mária Eckhardt und Evelyn Liepsch

LAABER

ISBN 3-89007-342-5
© 1999 by Laaber-Verlag, Laaber
Nachdruck, auch auszugsweise, nur mit Genehmigung des Verlages
Gesamtherstellung: Bosch Druck, Landshut
Umschlagbild: Liszts Wohn- und Arbeitszimmer in der Weimarer Hofgärtnerei
(Foto von Harry Evers, Weimar 1957)

Inhalt

Zum Geleit

Die weitgesteckten literarischen Interessen und die umfassende Bildung sind ein ganz entscheidendes gemeinsames Merkmal, das so unterschiedliche Komponisten wie Berlioz, Mendelssohn, Schumann, Liszt und Wagner miteinander verbindet. Die Frage nach ihren Lesegewohnheiten ist weit über das Biographische hinaus Schlüssel zu der Ideenwelt ihrer Musik. Ohne Kenntnis ihres Lektürekanons bleibt der Zugang zu Werken wie Berlioz' *Symphonie fantastique* und *Harold en Italie*, von Mendelssohns Konzertouvertüren oder von Schumanns und Liszts Klaviermusikzyklen ebenso unvollständig wie zu Liszts Symphonischen Dichtungen und Wagners Musikdramen.

Seit frühester Jugend war für Liszt Lesen ein wesentliches Element der Bildung. Nur zu leicht ist man geneigt, seine Klagen über die mangelnde Schulbildung überzubewerten, die die Folge seiner Wunderkindkarriere war. Kaum ein Musiker seiner Zeit hat über eine derart breite literarische Bildung verfügt wie Franz Liszt. Während seiner Weimarer Schaffensphase gewannen die literarischen Interessen unter dem Eindruck des Genius loci eine neue Qualität für seine kompositorischen Konzepte. Seine früheren Klaviermusikzyklen, die bereits in einem hohen Maße als Reflex auf seine Auseinandersetzung mit der Weltliteratur zu bewerten sind, unterzog er einer tiefgreifenden Revision, die insbesondere auch die Form und die Sujets der einzelnen Teile der Zyklen betrifft. Die Experimente auf dem Gebiet der Schauspielmusik (*Tasso*) und mit neuartigen Bühnenkonzeptionen (Chöre zu Herders *Entfesseltem Prometheus*) sind ganz analog vor dem Hintergrund einer Synthese von großer Literatur und Musik zu werten. Und nicht zuletzt gewinnt diese Idee in seinen Symphonischen Dichtungen in paradigmatischer Weise Gestalt.

Die Entdeckung des Erfurter Antiquariatskataloges der *Bücher vermischten Inhalts aus Franz Liszt's Nachlass* durch Mária Eckhardt bedeutete einen wesentlichen Schritt für die dem vorliegenden Band zugrundeliegenden Forschungen über die Weimarer Bücherbestände Franz Liszts. Zu ergänzen ist der Bestand des Antiquariatskataloges um jene Bücher aus Liszts Besitz, die nicht zum Verkauf angeboten wurden, sondern in die heutige Sondersammlung „Liszt-Bibliothek" der Herzogin Anna Amalia Bibliothek Weimar gelangten. Diese wurden von Mária Eckhardt (Franz-Liszt-Museum und -Forschungszentrum Budapest) und Evelyn Liepsch (Goethe- und Schiller-Archiv Weimar) im *Verzeichnis der nachweislich und der wahrscheinlich aus Liszts Nachlaß stammenden Bücher* zusammengestellt. Erst eine Zusammenschau dieser beiden Verzeichnisse ermöglicht eine weitestgehende Rekonstruktion von Liszts Weimarer Bibliothek.

Die Verzeichnisse enthalten ausschließlich Bücher aus Liszts Besitz. Insbesondere der Erfurter Antiquariatskatalog liefert jedoch keine Hinweise zur Zusammensetzung der Notenbibliothek. Teile dieser Notenbibliothek waren in Liszts späteres Domizil in Weimar gelangt und fanden nach seinem Tode Eingang in das dortige Lisztmuseum. Es ist zu hoffen, daß auch dieser Bestand einmal rekonstruiert werden kann.

Der Direktor der Herzogin Anna Amalia Bibliothek, Herr Dr. Michael Knoche, und der Direktor des Thüringischen Hauptstaatsarchivs, Herr Dr. Volker Wahl, unterstützten diese Publikation durch die Bereitstellung der Reproduktionsvorlagen für die Abbildungen. Ihnen sei für ihre Hilfe ganz herzlich gedankt. Dank gebührt nicht zuletzt Frau Dr. Bettina Berlinghoff (Universität Regensburg) für die umsichtige Erstellung des Registers, des Layouts und der Druckvorlage.

Regensburg, im Januar 1999   Detlef Altenburg

Einleitung

von Mária Eckhardt

> „Denn L i ß t ist nicht nur groß und unerreicht in
> seiner Kunst, er gehört zu den geistig bedeutend-
> sten und befähigtsten Männern unserer Zeit, ihm
> ist kein Gebiet des Wissens fremd geblieben."
>
> W. Neumann, 1855[1]

Bücher aller Art spielten im Leben Franz Liszts eine besonders wichtige Rolle. Er
war nicht nur ein vielseitig interessierter Leser, sondern seit seiner frühen Jugend auch
ein leidenschaftlicher Sammler. In seinen Briefen und Schriften zitiert er häufig aus
literarischen Werken, erwähnt zahlreiche Titel und gibt konkrete Hinweise auf Bücher aus seinem Besitz. Der zentrale Gedanke seines musikalischen Schaffens – die
Verknüpfung der Musik mit einer poetischen Idee – ist durch die Vorliebe für das
Lesen stark geprägt worden.

Liszts Leseinteressen sind keinesfalls aus einer gründlichen allgemeinen Schulbildung erwachsen. Ihm war es – im Gegensatz zu seinem Vater, Adam Liszt, der fünf
Jahre das königliche katholische Gymnasium in Preßburg besuchte und dort 1795
eine Abschlußprüfung ablegen durfte[2] – nicht vergönnt, nach den Volksschuljahren
in der Dorfschule zu Raiding jemals einem geregelten Studium nachzugehen. Die
ausgedehnten Musikstudien und das unregelmäßige Leben des konzertierenden
Wunderkindes haben ihm dies nicht ermöglicht. Selbst Adam Liszt, der imstande
war, „Unterricht in Geschichte, Latein, etc an mehreren jungen Cavalieren" zu geben,
hatte dem eigenen Sohn dafür keine Zeit gewidmet.[3] Franz Liszt beklagte sich noch
in späteren Jahren über seine in der Jugend „mehr als vernachlässigte" Allgemeinbil-
dung. Die Folgen dieses „kapitalen Fehlers" bedrückten den berühmten Künstler
noch im Alter von 57 Jahren so sehr, daß er ständig von dem Bedürfnis beherrscht
blieb, bis zum letzten Tag seines Lebens zu lesen, zu lernen und sich weiterzubilden.[4]

Dieses Bedürfnis war schon in seinen frühen Jugendjahren entstanden. Die erste
wesentliche Lektüre Liszts bestand zum überwiegenden Teil aus religiösen Büchern.
Nach seiner eigenen Erinnerung waren das vor allem die Bibel (besonders das Neue
Testament), die Lebensbeschreibungen einiger Heiligen (wie des Franz von Assisi)
und *De imitatione Christi* von Thomas a Kempis.[5] Joseph d'Ortigue, der erste Biograph Franz Liszts, nennt den Titel *Pères du désert* (*Väter der Wüste*)[6] als hauptsächli-
chen Lesestoff aus der Zeit, als der junge Liszt Priester werden wollte. Anhand der
Aufzeichnungen in seinem Tagebuch (Studien- und Andachtsbuch),[7] welches der
15jährige Knabe zwischen dem 1. April und dem 21. Juli 1827 führte, kann diese Liste
um andere Titel ergänzt werden. Wir können mit Recht annehmen, daß die im Tage-

buch häufig zitierten Schriften von Bouhours, La Rochefoucauld, Bossuet, Fénelon, A. Hohenlohe u. a. ebenfalls in seinem persönlichen Besitz waren.[8]

Die Beschränkung auf vorwiegend religiöse Bücher wurde überwunden, als Liszt, aus seiner mystischen Zurückgezogenheit und zeitweiligen Apathie hervortretend, zur völligen Hingabe an die Kunst gelangte und seine Kenntnisse auf allen Gebieten des Lebens zu vervollkommnen suchte. „Der mystische Nebel, der seinen klaren Blitz umflort hatte, schwand gemach und ließ die poetische Begabung in voller Reife zurück." Er „las Pascal, Montaigne, Kant, Lamennais; er verkehrte, statt mit den Priestern der Kirche, mit denen des Jahrhunderts, oder mindestens mit denen der socialen Epoche: Sainte-Beuve, Ballanche, Senancourt, Lamartine, Victor Hugo, Lamennais und Andere bildeten seinen Umgang. Mit Eifer nahm er an den Kämpfen der Romantiker und Klassiker Antheil".[9] Einige Biographen sind geneigt, diese innere Revolution an ein bestimmtes Ereignis zu binden – entweder an die Julirevolution 1830 (wie Lina Ramann, die über Liszts „erwachende Thatkraft" spricht, und seine Mutter zitiert: «C'est le canon qui l'a guéri» / „Die Kanone hat ihn geheilt"[10]) oder an das Erlebnis von Paganinis Konzert in Paris (so Eduard Beurmann, Autor des obigen Zitats[11]). Liszts vielfach zitierter Brief vom 2.–8. Mai 1832 nach dem Konzert vom 20. April 1832 bestätigt, daß er Paganinis Kunst tatsächlich als eine Herausforderung empfand: „Seit vierzehn Tagen arbeiten mein Geist und meine Finger wie zwei Verdammte, – Homer, die Bibel, Plato, Locke, Byron, Hugo, Lamartine, Chateaubriand, Beethoven, Bach, Hummel, Mozart, Weber sind alle um mich herum. Ich studiere sie, ich denke über sie nach, ich verschlinge sie mit Feuereifer: im übrigen arbeite ich 4–5 Stunden an technischen Übungen (Triolen, Sechstolen, Oktaven, Tremolos, Tonwiederholungen, Kadenzen usw.). Ach! Wenn ich nicht verrückt werde, wirst Du einen Künstler in mir wiederfinden!"[12]

Die Erweiterung seines Blickfeldes und die Auffächerung seiner literarischen Interessen haben allerdings schon viel früher eingesetzt. Laut d'Ortigue „begannen seine literarischen Forschungen" gleich nach dem Tod des Vaters (28. August 1827), am Anfang seines selbständigen Lebens; „bis jetzt hatte er nur in einzelnen Anwandlungen Geschmack daran gefunden."[13] D'Ortigue berichtet in diesem Zusammenhang über Liszts wechselnde Stimmungen, die sich auch in der Lektüre verschiedener Bücher widerspiegelten: „Wenn er den Pascal gelesen hatte, den V e r s u c h ü b e r d i e G l e i c h g ü l t i g k e i t,[14] das war E r; aber wenn er in der jetzigen Periode Volney, Rousseau, Dupuis, Voltaire, Byron las, wenn er hoffärthig vernünftelte, wenn er spöttelte, wenn er haßte, wenn sein Verstand in frostige Bewunderung für den Selbstmord und die Nichtswürdigkeit gerieth, das war nicht E r, das war der A n d e r e."[15] Dieses schon früh zu beobachtende vielseitige Interesse wird auch durch Liszts zwischen 1829 und 1834 gebrauchtes Skizzenbuch[16] bestätigt: Hier erscheinen musikalische Skizzen und Entwürfe oftmals mit literarischen Zitaten entweder nebeneinandergestellt oder in einem direkten Zusammenhang. Außer Bibelzitaten finden sich Autoren wie Byron, Courier, Homer, Hugo, Lamennais, Mirabeau und Schiller unter den identifizierten Texten.

So ist bereits in den frühen 1830er Jahren eine leidenschaftliche Liebe Liszts zu seinen Büchern festzustellen, die nur mit der Liebe zu seinem Instrument verglichen werden kann. Während eines Landaufenthaltes im Juni 1834 fragt er die Mutter im

Hinblick auf die bevorstehende Rückkehr nach Paris: „Ist mein Klavier gestimmt? Sind meine Bücher in guter Ordnung?"[17] Im Jahre 1835 muß es schon eine große Büchersammlung Liszts in Paris gegeben haben. Einen Teil davon nahm er selbst mit in die Schweiz, wohin er mit Marie d'Agoult geflüchtet war, und einen weiteren Teil ließ er nachschicken. „Die Bücher müssen aber in sehr starkes Papier und überdies in Wäsche, Tücher, Servietten, Schlafrock verpackt werden, damit sie nicht zersetzt hier ankommen, wie die von mir mitgebrachten. Ich wäre darüber untröstlich", schrieb er am 28. Juli 1835 aus Genf an seine Mutter.[18] Allein aus diesem Brief kann man eine Liste mit 35 Buchtiteln zusammenstellen. Obwohl dieser Bestand offensichtlich nur einen kleinen Teil der Büchersammlung repräsentiert, gibt er doch ein aufschlußreiches Bild von den vielseitigen Interessen und seiner Vorliebe für handliche Sammelbände («éditions compactes») wieder.[19]

Über das Schicksal dieser frühesten Pariser Bibliothek Liszts haben wir nur sehr lückenhafte Angaben. Es ist sicher, daß Liszt seine beträchtliche Büchersammlung nach dem endgültigen Bruch mit Marie d'Agoult, seiner ersten Lebensgefährtin und Mutter seiner drei Kinder, im Jahre 1844 der Mutter Anna Liszt zur Aufbewahrung anvertraute. Während er auch weiterhin ausgedehnte Konzerttourneen durch ganz Europa unternahm, blieb Anna Liszt in Paris und beteiligte sich an der Erziehung der Kinder. Da Liszt während seiner Virtuosen- und Wanderjahre keinen ständigen Wohnsitz hatte, war er nicht imstande, seine Noten- und Büchersammlung immer mit sich zu führen.

Im Jahre 1848 verabschiedete Liszt sich von seiner glanzvollen Virtuosenlaufbahn und wählte Weimar als festen Wohnsitz. Der Hofkapellmeister zog im Mai 1849 zu seiner zweiten Lebensgefährtin, der Fürstin Carolyne von Sayn-Wittgenstein, in die Altenburg. Hier richteten sie sich ein bequemes Heim ein. Der Weimarer Freund Alexander Wilhelm Gottschalg beschreibt es wie folgt: „Liszt's Studier- oder Arbeitszimmer in der ,Altenburg' war ein kleiner dürftiger Raum im Hintergebäude mit besonderem Ausgange, wohin nur vertraute Freunde Zutritt hatten. Die Fürstin bewohnte mit ihrer Tochter den ersten Stock, wo sich auch die Bibliothek, Sammlungen kostbarer Art und das Speisezimmer befanden. Im Parterre waren die reich ausgestatteten Empfangssäle und die Dienstbotenzimmer. Das größte Gemach des zweiten Stockes war als Musiksaal eingerichtet. [...] Auch waren eine reiche Anzahl von mehr oder minder wertvollen Musikalien und Autographen aufgespeichert, die dann in alle Welt zerstreut worden sind. Ein größerer Teil davon ist in das Liszt-Museum in Weimar aufgenommen worden."[20]

Da Liszt jetzt in Weimar ein Raum für seine Bibliothek zur Verfügung stand, konnte er im Sommer 1851 seine Mutter veranlassen, die gesamte Pariser Sammlung (Bücher und Musikalien) nach Weimar schicken zu lassen.[21] Damit änderte er seine frühere Anweisung, wonach die Büchersammlung Madame Patersi, der damaligen Erzieherin seiner Kinder, zur Verfügung gestellt werden sollte. „Ich würde es sogar gern sehen, wenn der größte Teil meiner Bücher in ihre Wohnung käme, um das Studierzimmer der Kinder damit auszuschmücken", hatte er Anna Liszt noch am 21. Oktober 1850 geschrieben.[22]

Ob die Bibliothek nach Weimar geschickt worden ist, kann direkt nicht belegt werden. Es ist jedoch überliefert, daß die ältere Tochter Liszts, Blandine, Anfang

Dezember 1851 gemeinsam mit Madame Patersi die in der Wohnung der Großmutter befindlichen Bücher zu katalogisieren begann.[23] Aber noch drei Jahre später, als Anna Liszt in Paris einen Wohnungswechsel beabsichtigte, sorgte sie sich wegen der Schränke voller Noten und Bücher.[24] Daraus kann man schließen, daß Liszts Pariser Bibliothek – zumindest ein großer Teil davon – bis zu jener Zeit noch nicht nach Weimar gelangt war. Der von Blandine Liszt erwähnte Katalog, der die Rekonstruktion dieser Büchersammlung ermöglichen würde, ist wahrscheinlich nicht erhalten geblieben. Es finden sich keine Spuren davon im umfangreichen schriftlichen Nachlaß, den Liszts Urenkelin, Blandine Ollivier-Prévaux, nach dem Wunsch ihres Vaters, Daniel Ollivier, der Bibliothèque Nationale in Paris geschenkt hat. Auch persönliche Anfragen an Mitglieder der Familie Liszt-Ollivier, die Pariser Liszt-Bibliothek betreffend, führten zu keinem Ergebnis.[25]

Bisher konnte nur Liszts Budapester Bibliothek als geschlossene Sammlung identifiziert und in einem Katalog vorgestellt werden.[26] Sie war nach seinen Bestimmungen in den Besitz der Budapester Musikakademie übergegangen.[27] Jedes einzelne Buch wurde damals sofort mit der blauen Stempelaufschrift „LISZT FERENCZ HAGYATÉKA" („Franz Liszts Nachlaß") gekennzeichnet. Heute steht dieser Nachlaß der Forschung im Budapester Franz-Liszt-Gedenkmuseum und -Forschungszentrum als Sondersammlung zur Verfügung.

Bei der wissenschaftlichen Erschließung dieses Bücherbestandes (im Jahre 1986) wurde uns bewußt, daß die damals 273 Bände umfassende Bibliothek keinesfalls die vollständige Büchersammlung Liszts repräsentieren kann.[28] Es fiel auch auf, daß die in Budapest vorhandenen Bücher fast ausschließlich im Zeitraum zwischen 1860 und 1886 erschienen sind und somit Erwerbungen aus Liszts späterer Lebensperiode „Weimar – Rom – Pest" sein müssen.

Deshalb lag die Vermutung nahe, daß Franz Liszt auch in der Weimarer Hofgärtnerei, als er 1869 zum zweiten Mal in der Stadt Goethes und Schillers eine Wohnung bezogen hatte, eine umfangreiche Bibliothek besaß, und zwar auch mit Büchern aus seiner ersten Weimarer Zeit (1848–1861).[29] Daß er im Spätherbst 1871 Bücher aus Weimar in seine erste ständige Pester Wohnung schicken ließ, ist bekannt. Zwei Kästen sind in der Palatingasse angekommen, und Liszts erste Tätigkeiten nach dem Einzug waren seinen Büchern, Musikalien und Briefen gewidmet.[30] Es ist aber mit Sicherheit anzunehmen, daß jene Kästen keinesfalls die gesamte Weimarer Bibliothek Liszts enthielten und daß viele – selbst noch aus seiner Pariser Büchersammlung stammende – Bände in Weimar geblieben waren.

Wir glaubten jedoch bisher, diesen Weimarer Nachlaßbestand nicht mehr rekonstruieren zu können. Das hatte vor allem zwei Gründe: Erstens sind Liszts persönliche Bücher, die heute zusammen mit den gedruckten Musikalien aus seinem Nachlaß in der Herzogin Anna Amalia Bibliothek aufbewahrt werden,[31] bei der Übernahme 1886 in Weimar nicht entsprechend gekennzeichnet worden. Zweitens stammt das früheste bisher bekannte Verzeichnis dieser Sammlung vom Beginn unseres Jahrhunderts.[32] Zu diesem Zeitpunkt aber waren Liszts Bücher bereits mit vielen Neuerwerbungen anderer Herkunft vermischt.

Im Jahre 1990, als mich Forschungsarbeiten zur Erstellung eines thematischen Verzeichnisses der musikalischen Werke Liszts in die damalige Zentralbibliothek der

deutschen Klassik (heute: Stiftung Weimarer Klassik, Herzogin Anna Amalia Bibliothek) nach Weimar führten, entdeckte ich – beinahe zufällig – ein aufschlußreiches
Dokument. Als dritten Teil des Sammelbandes (Kolligat) mit der Signatur L 464 fand
ich folgenden Druck: *Verzeichniss No. 365 des antiquarischen Bücher-Lagers der Otto'schen
Buchhandlung in Erfurt, Paulstrasse Nr. 31. Bücher vermischten Inhalts aus Franz Liszt's
Nachlass. 1887.*[33] Diese Publikation mag deshalb der Aufmerksamkeit der Liszt-Forschung entgangen sein, da in der Titelaufnahme der Bibliothek die wichtige Infor-
mation „aus Franz Liszt's Nachlass" fehlt. So wußte man bisher nicht, daß schon
kurze Zeit nach Liszts Tod ca. 1300 Titel offenbar aus seiner Weimarer Büchersammlung in ein Antiquariat im nahe gelegenen Erfurt gelangten und dort zum Verkauf
angeboten wurden. Wer veranlaßte bzw. wer bewilligte die Abgabe der Bücher aus
dem Nachlaß des Komponisten? Wer trennte die beinahe 1300 Titel[34] von den anderen in Weimar verbliebenen Büchern? Gibt es Dokumente darüber? Sind die Vor-
gänge in der Presse erwähnt? Diesen und weiteren Fragen versuchte Evelyn Liepsch,
wissenschaftliche Mitarbeiterin im Weimarer Goethe- und Schiller-Archiv, nachzugehen. Das Ergebnis ihrer Nachforschungen ist im vorliegenden Band dokumentiert (S. 57–62).

Das Auffinden der Erfurter Bücherliste ließ erneut den Wunsch aufkommen, die
persönlichen Bücher Franz Liszts aus seiner Weimarer Bibliothek im Bestand der
Sondersammlung „Liszt-Bibliothek" der Herzogin Anna Amalia Bibliothek zu iden-
tifizieren. Ein Verzeichnis dieser nachweislich oder wahrscheinlich aus Liszts Nachlaß stammenden Bücher – gleichsam die imaginäre Fortsetzung des Erfurter Katalogs
– wird ebenfalls im vorliegenden Band vorgestellt (S. 79–109).

Der als Faksimile wiedergegebene Erfurter Katalog (S. 21–56) bietet der Liszt-Forschung neue Erkenntnisse. Das ganz unterschiedliche Themenkreise umfassende Ti-
telverzeichnis ergänzt unser Bild über Liszt als Leser und Büchersammler. Wir möchten deshalb zunächst eine kurze zusammenfassende Beschreibung des Katalogs
geben.[35]

Französischsprachige Ausgaben überwiegen: 832 Titel, das sind 64 % des gesamten Angebots. Noch höher wird der französische Anteil, wenn man auch jene 34
zweisprachigen Werke (vor allem Wörterbücher) berücksichtigt, in denen Französisch in Verbindung mit einer anderen Sprache erscheint. Bei den Büchern in französischer Sprache handelt es sich nicht immer um Originalausgaben, auch zahlreiche Werke der Weltliteratur in französischer Übersetzung sind darunter.

Die Zahl der deutschsprachigen Titel beträgt 330. Auch wenn wir die 22 zweisprachigen Titel mit deutschem Anteil hinzuzählen, macht das nur 27 % des Titelver-
zeichnisses aus. Der verbleibende Teil des Katalogs weist einen recht hohen Prozent-
satz englischer Bücher auf. Neben 4 zweisprachigen sind 82 einsprachige englische
Titel verzeichnet, überwiegend aus der Serie "Collection of British authors". Der
Anteil italienischer (9 sowie 2 zweisprachige) und ungarischer (8 sowie 3 zweisprachige) Werke ist ungefähr gleich groß. Danach folgen die lateinischen Titel (3 sowie
4 zweisprachige). Den übrigen Teil bilden fast ausschließlich Wörterbücher – so der
spanischen, flämischen, türkischen, polnischen und russischen Sprache.

Zieht man das jeweilige Erscheinungsjahr der Bücher zu Rate, gewinnt man einen
ungefähren Überblick über die Entstehungsgeschichte der Weimarer Büchersamm-

lung. Während nur 27 der gegenwärtig 278 Titel umfassenden Budapester Sammlung vor 1861 erschienen sind, zeigt der Erfurter Katalog ein differenzierteres Bild.[36] Hier werden auch sehr alte Ausgaben angeboten: 2 Titel aus dem 17. und 36 aus dem 18. Jahrhundert. Das Erscheinungsjahr weiterer 145 Titel liegt zwischen 1800 und 1834. Die Zahl der Publikationen steigt erst ab 1835 – mit dem Beginn der ‚Wanderjahre' Liszts – auf mehr als 20 Stück pro Jahr an. Für die darauffolgenden Jahre läßt sich mit geringen Ausnahmen eine relativ gleichmäßige Verteilung beobachten: Durchschnittlich 28 Bücher pro Jahr stammen aus den Jahren 1835 bis 1847, den ereignisreichen ‚Wanderjahren' Liszts, 26 pro Jahr aus der Weimarer Periode von 1848 bis 1861. Das muß aber nicht bedeuten, daß Liszts Büchersammlung in gleichem Maße von Jahr zu Jahr gewachsen ist, da ein Buch nicht unbedingt im Jahr seines Erscheinens gekauft worden sein muß. Indikatoren für die Entwicklung der Lisztschen Bibliothek dürften die genannten Zahlen dennoch sein.

Nur durchschnittlich 10 Titel tragen ein Erscheinungsjahr, das zwischen 1862 und 1870 – Liszts römischer Zeit und der Beginn seiner «vie trifurquée» (Weimar – Rom – Pest) – liegt. Ab 1871, als Liszt schon in Pest eine Bibliothek besaß und dafür Bücher aus Weimar kommen ließ, steigt der Jahresdurchschnitt wieder auf 21 Publikationen an. Dies jedoch nur deshalb, weil zwei große Serien ("Collection of British authors" mit 59 Titeln und «Bibliothèque Elzévirienne» mit 8 Titeln) nicht mit dem Erscheinungsjahr ihres ersten, sondern mit dem ihres zuletzt erschienenen Bandes in unsere Statistik aufgenommen wurden.

Aufgrund dieser Untersuchung wagen wir die Behauptung, daß der in Erfurt angebotene Teil der Weimarer Bibliothek sowohl Bücher enthielt, die aus Liszts Pariser Zeit stammten und später zu seiner Sammlung in der Weimarer Altenburg gehörten, als auch solche, die er während der in der Hofgärtnerei verbrachten Jahre erworben hat. Fest steht jedoch, daß viele Bücher des jungen Liszt in dieser Sammlung bereits fehlten. Nur drei oder vier Werke aus der umfangreichen Liste seiner Pariser Bücher, die er sich 1835 von seiner Mutter nach Genf schicken ließ,[37] findet man im Erfurter Katalog in solchen Ausgaben wieder.[38] Es ist anzunehmen, daß viele Bücher Liszts während seiner Virtuosen- und Reisejahre verlorengingen. Wieder andere, wie schon erwähnt, gelangten nie aus Paris nach Weimar.

Aufschlußreicher als die zeitliche Herkunft sind die Themen und Genres der Bücher. Liszts Budapester Bibliothek enthält überwiegend Musikbücher.[39] Der Erfurter Katalog nennt dagegen nur 20 Titel, die der Beschreibung nach als solche zu bezeichnen sind.[40] Zählt man die etwa 150 Ausgaben hinzu, deren Themen im weiteren Sinne mit Musik oder Musikern zusammenhängen, ergibt das lediglich 13 % des gesamten angebotenen Bestandes.[41]

Bücher religiösen Inhalts machen im Erfurter Katalog kaum mehr als 5 % aus. In der ehemaligen Budapester Bibliothek dagegen waren ungefähr die Hälfte der Titel (einschließlich der an die Franziskaner abgegebenen Bücher) religiöse Literatur oder Werke über Kirchenmusik. Auffallend an der Erfurter Liste ist jedoch, daß die Bibel in mehreren Übersetzungen und Ausgaben zu finden ist[42] und auch der Koran nicht fehlt.[43]

Schöne Literatur, die in der Budapester Sammlung kaum erscheint, ist im Erfurter Katalog reichhaltig vertreten. Bei mehr als der Hälfte der etwa 430 Werke dieses Genres handelt es sich um französische Literatur. Es folgen die englischen, dann die deutschen Titel. Neben Literatur aus der klassischen Antike findet man im weiteren italienische, spanische und ungarische Dichtungen. Darüber hinaus werden zahlreiche literar-historische Werke und Essays aufgeführt, die zusammen mit der schönen Literatur 37 % des Katalogs ausmachen.

Eine andere wichtige Gruppe bilden die Bücher über Geschichte, Politik und Wirt-schaft mit 184 Titeln. Zu den Themenkreisen Literatur, Geschichte und Politik sind Memoiren, Briefwechsel, Biographien und Autobiographien vorhanden. Sie machen insgesamt etwa 100 Bände aus. Außerdem gibt es mehrere philosophische, kunsthisto-rische und ästhetische, aber auch geographische, lokalgeschichtliche, ethnographi-sche und kulturgeschichtliche Werke sowie – in geringerem Maße –Veröffentlichungen über Rechtswissenschaft, Ethik, Medizin, Psychologie und Naturwissenschaften. Bü-cher wie Brillat-Savarins ‚transzendentale Gastronomie' *Physiologie du goût* (Nr. 224), Castles phrenologische Studien (Nr. 266), Steurs große *Ethnographie des peuples de l'Europe* (Nr. 1149) oder Bonstettens Studien über die menschlichen Fähigkeiten des Fühlens und Denkens (Nr. 198) beweisen, daß sich Liszt mit überaus vielen Wis-sensgebieten seiner Zeit beschäftigt hat.[44]

Sein universales Interesse ist auch durch die große Zahl und Vielfalt der Enzyklo-pädien, Lexika und Chronologien in seinem Nachlaß dokumentiert. Schon Joseph d'Ortigue betonte, daß Liszt mit einer „unersättlichen, rastlosen Gier" ein Lexikon ebenso in einem Atemzug durchlas wie ein poetisches Werk.[45] Mehr als 50 enzyklo-pädische Werke findet man auf der Erfurter Bücherliste: nicht nur das berühmte Brockhaus-*Conversationslexikon* mit Bilder-Atlanten (Nr. 226–230) und allgemeine Enzyklopädien (Nr. 225, 456, 535, 536, 635), sondern u. a. auch theologische (Nr. 77, 289), mythologische (Nr. 80), biographische (Nr. 183, 420, 438, 550), philosophische (Nr. 439), historische (Nr. 760), kunst- und theaterhistorische (Nr. 453, 798, 969) sowie astronomische (Nr. 621) Nachschlagewerke. Diese Bücher halfen ihm, seine Kenntnisse zu vervollständigen. Sie blieben seine unverzichtbaren Begleiter.

Eine weitere auffallende Gruppe stellen philologische Titel und Handbücher zum Sprachgebrauch sowie Ausgaben von Sprüchen und Maximen dar. In Liszts Briefen, die häufig Aphorismen enthalten, läßt sich der Umgang mit diesen Büchern nach-vollziehen. Er besaß auch zwei Handbücher, die dem „universalen Sekretär" die Praxis der Korrespondenz erläutern (Nr. 521 und 612). Ob er diese für seine Kinder oder für die Tochter der Fürstin[46] oder aber für sich selbst erworben hat, läßt sich – auch auf Grund der fehlenden Publikationsdaten – nicht feststellen.

Geschichte, Struktur und Spezifika einzelner Sprachen interessierten Liszt in besonderem Maße. Die Erfurter Liste weist 40 Titel dazu auf. Ergänzt werden diese durch eine Wörterbuch-Sammlung, die für den reisenden Liszt unentbehrlich war. Dabei findet man Ausgaben für die englische, flämische, deutsche, italienische, latei-nische, polnische, spanische, türkische und ungarische Sprache – meist mit Franzö-sisch kombiniert.[47]

Im folgenden sei uns erlaubt, auf die Titel mit ungarischem Bezug in der Erfurter Liste etwas genauer hinzuweisen. Aus dem ersten Abschnitt des Katalogs (Nr. 1–14) mit Werken Liszts oder Veröffentlichungen über den Komponisten soll sein Buch *Die Zigeuner und ihre Musik in Ungarn* (Nr. 7–9) hervorgehoben werden. Der Erfurter

Katalog bietet neue Beweise für Liszts sorgfältige Quellenforschung im Hinblick auf diese Veröffentlichung (Nr. 199, 967).[48]

Weniger direkt ist der Bezug Liszts zu weiteren 30 Titeln ungarischer Thematik. Inhaltlich können sie in 4 Gruppen unterteilt werden: 1. Ungarische Poesie in deutscher Übersetzung; 2. Geschichte, Politik, Kultur, Topographie Ungarns und Transsilvaniens; 3. Werke in Verbindung mit der ungarischen Sprache und 4. Werke vermischten Inhalts.

Wir möchten hier nur die dritte Gruppe ausführlicher behandeln, da sie die vieldiskutierte Frage nach Liszts Kenntnis der ungarischen Sprache berührt.[49] Ein häufig angeführtes Argument für die These, daß Liszt kein Ungar war, ist die Behauptung, er habe nicht ungarisch gesprochen und diese Sprache auch nie erlernt. Diese Tatsache ist jedoch nicht entscheidend. Er selbst bekannte einmal: „Man darf mir wohl gestatten, dass ungeachtet meiner beklagenswerthen Unkentniss der ungarischen Sprache, ich von Geburt bis zum Grabe im Herzen und Sinne, Magyar verbleibe"[50]. Dennoch muß man wissen, daß Liszt – dessen Muttersprache zwar Deutsch, seine bevorzugte Umgangssprache aber Französisch war – mehrmals im Leben begann, Ungarisch zu lernen. Doch er gelangte nie über eine bescheidene passive Sprachkenntnis hinaus.

Die Bestrebungen des alten Liszt, die ungarische Sprache zu erlernen, sind aufgrund Dezső Legánys Untersuchungen inzwischen bekannt. Es konnten sogar die Namen der Lehrer und die jeweils angewandte Lehrmethode ermittelt werden.[51] Aus einem Brief Liszts an Baron Miklós Wesselényi wissen wir auch, daß er schon 1843 versprach, sich schon bald die Sprache seiner Heimat anzueignen.[52] Bis jetzt war jedoch nicht sicher, ob er wirklich etwas in dieser Hinsicht unternommen hat.

Im Erfurter Katalog finden sich nun eine *Ausführliche theoretisch-praktische Grammatik der ungarischen Sprache für Deutsche* aus dem Jahr 1846 (Nr. 193), ein *Handbuch ungarisch-deutscher Gespräche* von 1842, zusammengebunden mit den ungarisch-französischen Wörterbüchern von 1844 (Nr. 567), sowie eine für das selbständige Lernen bestimmte *Reine Grundlehre der ungarischen Sprache* von 1841 (Nr. 719). Diese Bücher aus Liszts Nachlaß belegen, daß er sich – wahrscheinlich in Vorbereitung seiner großen Tourneen durch Ungarn und Transsilvanien in den Jahren 1846/47 – die notwendigen Sprachlehrbücher zumindest angeschafft hat. Das turbulente Leben des reisenden Virtuosen aber machte das systematische Lernen unmöglich – darauf weist die Bemerkung „wie neu" bei der Titelangabe Nr. 567 hin.

Die Erfurter Bücherliste und das Verzeichnis der in Weimar verbliebenen Bücher Liszts wären nun unter vielen Aspekten auszuwerten. Im vorliegenden Band konnte nur der erste Schritt zur Rekonstruktion des ursprünglichen Weimarer Bibliotheksbestandes vorgenommen werden. Neue Erkenntnisse und Hinweise zur Beantwortung der offengebliebenen Fragen sind willkommen. Auf umfassende analytische Studien im Zusammenhang mit dem musikalischen Werk Franz Liszts dürfen wir – im Sinne der Feststellung von Detlef Altenburg im Nachwort zum Tagebuch des jungen Liszt – gespannt sein: „Bis hin zu dem Verfahren, statt eines selbstformulierten freien Programms ein Zitat von Byron oder Sénancour, von Chateaubriand oder Schiller zu wählen, um den Interpreten und Zuhörer auf die poetische Idee einer Komposition hinzuweisen, hat das Zitat als Träger großer Ideen, zeitlos gültiger

Erkenntnisse und als vollendete Formulierung erhabener Gedanken bei Liszt auch Bedeutung für seine Konzeption der Programmusik gewonnen. In der Verknüpfung von Zitat und Komposition manifestiert sich hier nicht mehr und nicht weniger als der ästhetische Anspruch, in der Musik den großen Themen der Weltliteratur Ausdruck zu verleihen."[53]

Anmerkungen:

[1] W[illiam] Neumann [eigtl. Artur Friedrich Bussenius], *Franz Lißt*, Kassel 1855 (*Die Componisten der neueren Zeit in Biographien geschildert* 16), S. 36 f.

[2] Vgl. Alan Walker, *Franz Liszt*, Bd. 1: *The Virtuoso Years*, New York u. London 1983, S. 39.

[3] Lina Ramann, *Lisztiana. Erinnerungen an Franz Liszt in Tagebuchblättern, Briefen und Dokumenten aus den Jahren 1873–1886/87*, hrsg. von Arthur Seidl, Textrevision von Friedrich Schnapp, Mainz 1983, Frage- und Antwortzettel No. 4, [November] 1874, S. 389.

[4] Brief an Carolyne von Sayn-Wittgenstein, Grotta Mare, 18. August [1868] (Franz Liszt, *Briefe*, hrsg. von La Mara, Leipzig 1893–1905, Bd. 6, Nr. 166, S. 184).

[5] Ramann, *Lisztiana*, Frage- und Antwortzettel No. 2, [August] 1874, S. 388.

[6] Joseph d'Ortigue, *Études biographiques. I. Frantz Listz* [sic], in: *Gazette Musicale de Paris* 2, Nr. 24, 14. 6. 1835, S. 199. Nach neueren Erkenntnissen von Detlef Altenburg und Rainer Kleinertz (siehe Anmerkung 7, Nachwort zur Textedition, S. 87) hatte Liszt wahrscheinlich folgende Ausgabe zur Hand: Michel-Ange de Marin (Hrsg.), *Les Vies des Pères des déserts d'Orient, avec leur doctrine spirituelle et leur discipline monastique*, Avignon 1825.

[7] Faksimile-Ausgabe des im Bayreuther Richard-Wagner-Museum (im folgenden: RWM) befindlichen Dokumentes mit Kommentaren: Franz Liszt, *Tagebuch 1827*, hrsg. von Detlef Altenburg und Rainer Kleinertz, Wien 1986.

[8] Eine komplette Liste und Auswertung der von Liszt zitierten Autoren bietet die in Anmerkung 7 genannte Ausgabe auf S. 81 ff. im Nachwort zur Textedition.

[9] Eduard Beurmann, *Franz Liszt*, in: *Unsere Zeit. In Biographien und Bildnissen*, 1. Bd., 1. Lieferung, Hamburg 1843, S. 18 f.

[10] Lina Ramann, *Franz Liszt. Als Künstler und Mensch*, 3 Bde., Leipzig 1880–1894, Bd. 1, S. 143 f.

[11] Beurmanns Studie zeigt den starken Einfluß eines im Mai 1843, unter dem Namen «J. Duverger» erschienenen französischen biographischen Artikels (*Notice biographique sur Franz Liszt. Extrait de la Revue générale biographique, politique et littéraire*, publ. sous la direction de M. E. Pascallet), dessen eigentliche Verfasserin Liszts Lebensgefährtin, die Gräfin Marie d'Agoult war. (In: *Le Biographe Universel. Publications de la Revue générale biographique, politique et littéraire. Section artistique*, Paris 1843.)

[12] An Pierre Wolff (*Briefe*, Bd. 1, Nr. 5, S. 7[französisch]; deutsche Übersetzung in: Peter Raabe, *Franz Liszt*, Bd. 1: *Liszts Leben*, Tutzing ²1968, S. 16; nach dem Autograph geringfügig modifiziert).

[13] D'Ortigue, *Frantz Listz*, S. 200 (zitiert nach der deutschen Übersetzung von E. Flechsig in: *Neue Zeitschrift für Musik* 4, Nr. 6, 19. 1. 1836, S. 24).

[14] Hugues-Félicité-Robert de Lamennais, *Essai sur l'indifférence en matière de religion*, 4 Bde., Paris 1817–1823.

[15] D'Ortigue, *Frantz Listz*, S. 201 (zitiert nach der deutschen Übersetzung in: *NZfM* 4, Nr. 7, 22. 1. 1836, S. 27).

[16] Stiftung Weimarer Klassik, Goethe- und Schiller-Archiv, Sign. 60/N 6.

[17] Franz Liszt, *Briefe an seine Mutter*, hrsg. von La Mara, Leipzig 1918, Nr. 4, S. 12. Die Herausgeberin datiert den Brief auf „Carentonne [sic], 1832–33". Nach dem Original in fran-

zösischer Sprache (RWM, Sign. II Cb 93) kann man die Datierung auf Bernay, Anfang Juni 1834 festlegen.

[18] Liszt, *Briefe an seine Mutter*, Nr. 13, S. 20. Das französische Original (RWM, Sign. II Cb 98) ist wesentlich länger als die von La Mara mitgeteilte Version. Eine Analyse im Hinblick auf Liszts „materielle Liebe zum gedruckten Buch" mit einer Wiedergabe längerer Abschnitte in Originalsprache findet sich in: Jacqueline Bellas, *François Liszt et le «département des livres»*, in: *Studia Musicologica* 28 (1986), S. 89–97.

[19] Die Titel (bzw. Verfasser der Bücher) in alphabetischer Ordnung (die mit * bezeichneten Titel waren noch nicht in Liszts Besitz; er gab den Auftrag, sie zu kaufen): Pierre-Simon Ballanche, 4 Bde.; *Jacques-Henri Bernardin de Saint-Pierre, 2 Bde., «édition compacte»; *Jacques-Bénigne Bossuet, «édition compacte»; Louis Bourdaloue, «édition compacte»; Lord George Gordon Noël Byron, englisch, 1 Bd.; François-René Vicomte de Chateaubriand, «édition compacte»; André Marie Chénier, [?]; *Dictionnaire italienne-française* u. *française-italienne* (Wörterbücher), 2 Bde.; Henri Duval, *Atlas* [*universel des sciences*]; Leonhard Euler, *Lettres à une Princesse d'Allemagne*, 2 Bde.; *François de Fénelon, «édition compacte»; *Le Globe, atlas classique universel*; Johann Wolfgang von Goethe, *Werther*; Victor Hugo, *Orientales*; Adrien Jarry de Mancy, *Atlas des littératures*; [Thomas a Kempis], *De imitatione Christi* [französisch?]; Jean de La Fontaine, «édition compacte»; Jean-François de La Harpe, [*Lycée ou cours de littérature ancienne et moderne?*], «édition compacte»; Alphonse de Lamartine, *Harmonies* [*poétiques et religieuses*], Bruxelles 1832; Alphonse de Lamartine, [?]; Emmanuel-Auguste-Dieudonné-Marius-Joseph, Marquis de Las Cases [Pseudonym: Le Sage], *Atlas historique*; Jean-Baptiste Massillon, «édition compacte»; Michel Eyquem, Seigneur de Montaigne, «édition compacte»; Charles-Louis de Sécondat, Baron de la Brède et de Montesquieu, «édition compacte»; *Moralistes françaises*, «édition compacte»; *Panthéon littéraire*, Bd. 2 (Augustinus, *Confessions* u. *Méditations*; Bernhard von Clairvaux, *Discours* [*Traité de la considération*] etc.); Plutarque, [*Vie des hommes illustres?*], «édition compacte»; François Rabelais, «édition compacte»; Antoine Reicha, *Ouvrages relatifs à la composition* [Werke über die Kompositionslehre]; [Charles-Augustin Sainte-Beuve], *Volupté*; [Claude-Henri de Rouvroy, Comte de Saint-Simon], *Le nouveau christianisme*; [George Sand], *Lélia*; William Shakespeare, 1 Bd. englisch; *William Shakespeare, 2 Bde. französisch; *Théâtre français*, «édition compacte».

[20] Alexander Wilhelm Gottschalg, *Franz Liszt in Weimar und seine letzten Lebensjahre. Erinnerungen und Tagebuchnotizen*, hrsg. von Carl Alfred René, Berlin 1910, S. 52 f.

[21] Liszt, *Briefe an seine Mutter*, Nr. 67, S. 99 (Autograph in französischer Sprache in RWM, Sign. II Ca-2,52; Datierung: Eilsen, 29. August 1851).

[22] Ebd., Nr. 62, S. 89 (Autograph in französischer Sprache in RWM, Sign. II Ca-1, 47; „Der größte Teil meiner Bücher" lautet ursprünglich: «une bonne moitié de mes livres»).

[23] Brief Blandine Liszts an ihren Vater, Paris, 4. Dezember 1851 (*Correspondance de Liszt et de sa fille Madame Émile Ollivier 1842–1862*, hrsg. von Daniel Ollivier, Paris 1936, S. 80).

[24] Brief Blandine Liszts an ihren Vater aus Paris, 18. September 1854 (ebd., S. 105).

[25] Es ist anzunehmen, daß Liszts Mutter, die wegen ihres schlechten Gesundheitszustandes 1860 zur Enkelin Blandine Liszt-Ollivier umgezogen war, die bis dahin noch bei ihr verbliebenen Bücher Liszts dorthin mitgenommen hat. Die Frage, ob diese Bücher nach ihrem Tod (1866) in der Pariser Wohnung der Olliviers geblieben sind und dort in den Kriegswirren von 1870/71 verlorengingen oder aber eventuell irgendwo versteckt noch existieren, konnte mir auch Blandine Ollivier-Prévaux in den 1970er Jahren nicht beantworten. – In der Villa «La Moutte» in Saint-Tropez wird die nachgelassene Bibliothek von Émile Ollivier, dem Ehegatten von Blandine Liszt, beinahe noch in ihrem vorgefundenen Bestand verwahrt. Anne Troisier de Diaz, Enkelin Émile Olliviers aus zweiter Ehe, hat dem Budapester Liszt-Museum wertvolle Bücher aus dieser Bibliothek gespendet: zwei Serien von Büchern Daniel Liszts, Franz Liszts früh verstorbenem einzigen Sohn, die er als Gym-

nasialschüler in Paris für seine ausgezeichneten Leistungen erhielt, und ein Gebetbuch Daniel Olliviers – ein Geschenk zur Erstkommunion von Großvater Abbé Franz Liszt. Über Bücher aus Franz Liszts Pariser Bibliothek konnte aber auch Madame Troisier de Diaz keine Auskunft geben.

26 Annotierter Katalog der Bücher mit Kommentaren in ungarischer und englischer Sprache: *Liszt Ferenc hagyatéka a budapesti Zeneművészeti Főiskolán. I. Könyvek. / Franz Liszt's Estate at the Budapest Academy of Music. I. Books*, zusammengestellt und herausgegeben von Mária Eckhardt, Budapest 1986. – Der entsprechende Band über die Musikalien erschien 1993 in Budapest unter dem Titel *Liszt Ferenc hagyatéka a Budapesti Zeneművészeti Főiskolán. II. Zeneművek / Franz Liszt's Estate at the Budapest Academy of Music. II. Music*, zusammengestellt von den Mitarbeitern des Franz-Liszt-Gedenkmuseums und -Forschungszentrums: Zsuzsanna Domokos, Györgyi Éger, Zsófia Koffán, Katalin Neumayer, herausgegeben von Mária Eckhardt.

27 „Nach meinem baldigen Ableben gehört [...] meine ganze Budapester Besitznahme, der königlich ungarischen Landes-Musikakademie", schrieb Liszt an Kornél Ábrányi, Sekretär der Musikakademie, am 22. Mai 1881 aus Weimar (*Briefe*, Bd. 2, Nr. 278, S. 308). Von den Budapester Hinterlassenschaften Liszts hat die Musikakademie nur die Bücher, Musikalien und Instrumente behalten. Die anderen Nachlaßstücke wurden im Einverständnis mit der Universalerbin, Fürstin Carolyne von Sayn-Wittgenstein, an ungarische Freunde Liszts als Andenken weitergegeben.

28 Selbst wenn man die Bücher religiösen Inhalts, welche an die Franziskaner in Pest übergeben worden sind (87 Titel sind gegenwärtig bekannt), und die eventuell verlorengegangenen Ausgaben (wovon zwischen 1986 und 1993 fünf zur Sammlung der Musikakademie zurückgelangt sind) berücksichtigt, dürften es insgesamt höchstens 400 Bände gewesen sein.

29 Sie waren während seines römischen Aufenthalts in Weimar eingelagert; vgl. Evelyn Liepsch, *Ergebnis der Nachforschungen. Neue Fragen zur Weimarer Nachlaßgeschichte*, S. 75 f., im vorliegenden Band; vgl. auch Abb. 2, S. 63–72.

30 Vgl. Liszts Brief an Baron Antal (Anton) Augusz vom 23. Oktober 1871 (*Briefe an Baron Anton Augusz 1846–1878*, hrsg. von Wilhelm von Csapó, Budapest 1911, Nr. 79, Postskript, S. 180) und an die Fürstin Carolyne von Sayn-Wittgenstein vom 19. November 1871 (*Briefe*, Bd. 6, Nr. 291, S. 315).

31 Vgl. Evelyn Liepsch, *Die Bücher Franz Liszts in der Weimarer Herzogin Anna Amalia Bibliothek* im vorliegenden Band.

32 Gemeint ist das *Verzeichnis von Büchern, Broschüren und Zeitschriften im Weimarer Liszt-Museum* von Aloys Obrist (Goethe- und Schiller-Archiv Weimar, Institutsarchiv, Goethe-Nationalmuseum 334). Die von Evelyn Liepsch inzwischen ermittelten früheren Verzeichnisse aus dem Jahre 1887 werden im vorliegenden Band, S. 75 f., vorgestellt.

33 Der Band enthält vorangeheftet: 1. Verzeichnis der Werke Franz Liszt's aus dem Verlage von C. F. Kahnt Nachfolger, Leipzig [o. J.]; 2. Edition Schuberth. Franz Liszt. Leipzig [o. J.]. Die ursprüngliche Nummer 318 auf dem Buchrücken verrät die Herkunft aus der Liszt-Bibliothek Lina Ramanns. Vgl. *Die Bücher Franz Liszts in der Weimarer Herzogin Anna Amalia Bibliothek* im vorliegenden Band.

34 Das Verzeichnis besteht aus 1298 Titeln, wovon die Titel 1267–1298 als „Anhang" geführt sind. Möglicherweise stammen diese letzteren 31 Titel nicht aus Liszts Nachlaß. Es gehörte zu den Gepflogenheiten der Buchhändler im 19. Jahrhundert, geschlossenen Nachlaßangeboten entsprechend passende „Anhänge" anderer Provenienz anzuschließen. Wir danken Herrn Dr. Ulrich Drüner (Stuttgart) für diesen Hinweis.

35 Die hier folgende Statistik bezieht sich auf den gesamten Katalog einschließlich des Anhangs.

36 Wenn mehrbändige Werke unter einer Nummer aufgenommen sind oder Serienveröffentlichungen nicht einzeln, sondern summarisch datiert mitgeteilt werden, haben wir die jeweils späteste Jahresangabe für unsere Untersuchung berücksichtigt.

[37] Vgl. Anm. 19.

[38] Nr. 725, 760, 1069 und eventuell 468. – Spätere Ausgaben der im Brief erwähnten Werke kommen häufig vor. Es war auch keine Seltenheit, daß Liszt mehrere verschiedene Ausgaben eines für ihn wichtigen Werkes erwarb.

[39] Es ist durchaus möglich, daß Liszt vor allem musikspezifische Bücher – auch im Hinblick auf die spätere Übergabe an die Musikakademie – für seine Budapester Bibliothek ausgewählt hat.

[40] Einige davon sind Klavierschulen und Notenausgaben: Nr. 399, 400, 548, 689, 941.

[41] In diesem Zusammenhang ist zu erwähnen, daß Liszt einige Titel sowohl in seiner Weimarer als auch in seiner Budapester Bibliothek – eventuell in verschiedenen Auflagen – besaß. Zumeist sind dies Musikbücher: Werke von Brendel, Glasenapp, La Mara, Müller, Nohl, Pohl und Wagner.

[42] Nr. 89–94.

[43] Nr. 715.

[44] Es ist überliefert, daß er sogar Vorlesungen des Zoologen Alfred Edmund Brehm über die Affen («nos ancêtres, assure-t-on maintenant, par ordre de la science nouvelle» / „unsere Vorgänger, versichert man uns jetzt, nach der neuen Wissenschaft") besuchte (Liszt, *Briefe aus ungarischen Sammlungen 1835–1886*, gesammelt und erläutert von Margit Prahács, Budapest u. Kassel 1966, Nr. 405, S. 213).

[45] D'Ortigue, *Frantz Listz*, S. 202 (zitiert nach der deutschen Übersetzung in: *NZfM* 4, Nr. 7, 22. 1. 1836, S. 29).

[46] Marie von Sayn-Wittgenstein (1837–1920) war im Jahre 1848 mit ihrer Mutter nach Weimar geflüchtet; sie verbrachte dort bis 1859 ihre Jugendjahre. Liszt fühlte sich für ihre geistige Bildung verantwortlich und war ihr auch mit Büchern aus seiner Sammlung behilflich (vgl. hierzu auch Liszt, *Briefe*, Bd. 4, Nr. 92, S. 111).

[47] Nur ein ungarisch-deutsches und ein viersprachiges Konversationshandbuch (Nr. 567 und 797) bilden Ausnahmen.

[48] Zur Entstehung des Bandes vgl. Franz Liszt, *Sämtliche Schriften*, hrsg. von Detlef Altenburg, Bd. 7/8: *Die Zigeuner und ihre Musik in Ungarn*, hrsg. von Bettina Berlinghoff, Wiesbaden (i. V.).

[49] Vgl. die ausführliche Beschreibung der ungarischen Titel in Mária Eckhardt, *Liszt's Weimar Library: the Hungarica*, in: *The New Hungarian Quarterly* 32, Nr. 122 (Sommer 1991), S. 156–164.

[50] Vgl. Liszts Brief an Baron Antal (Anton) Augusz vom 7. Mai 1873 (*Briefe aus ungarischen Sammlungen*, Nr. 249, S. 160).

[51] Vgl. Dezső Legány, *Ferenc Liszt and His Country 1869–1873*, Budapest 1983, S. 163 f. u. 299.

[52] Vgl. Helene Heinmann-Gyalui, *Franz Liszt, der ungarische Patriot*, in: *Pester Lloyd*, 25. Dezember 1925.

[53] Vgl. Liszt, *Tagebuch 1827*, Nachwort zur Textedition, S. 96.

Abb. 1: *Verzeichniss No. 365 des antiquarischen Bücher-Lagers der Otto'schen Buchhandlung [...]. Bücher vermischten Inhalts aus Franz Liszt's Nachlass.*

Verzeichniss No. 365

des

antiquarischen Bücher-Lagers

der

OTTO'SCHEN BUCHHANDLUNG

in

Erfurt,

Paulstrasse Nr. 31.

～～～

Bücher vermischten Inhalts

aus Franz Liszt's Nachlass.

1887.

Druck von J. G. Cramer in Erfurt.

Preise in Mark und Pfennigen.

Bücher ohne Format-Bezeichnung sind in Octavformat.
Bücher ohne Einband-Bezeichnung sind ungebunden.
Ein * vor dem Preise bedeutet Ausschnitt oder Separat-Abdruck.

☞ *Postsendungen jeder Art können unter dem Betrage von Fünf Mark*
ausnahmslos nicht gemacht werden.

Bücher vermischten Inhalts
aus Franz Liszt's Nachlass.

ℳ ₰.

1 **Liszt,** Franz, gesammelte Schriften. 6 Bde. Bearbeitet v. L Ramann.
Lp g. 1880–83. (43 ℳ)   33. —
2 — — Dieselben. Eleg. Hfrzbd.   Schönes Exemplar.   37. —
   I. Fr Chopin. — II. Essays u. Reisebriefe. — III. 1. Essays über musikal. Bühnen-
   werke. — III. 2. Richard Wagner. — IV. Aus den Annalen des Fortschritts. —
   V. Streifzüge. Essays. — VI. Die Zigeuner u. ihre Musik in Ungarn.
3 **Liszt,** Franz, La fondation-Goethe à Weimar. Lpzg. 1851. (3 ℳ) 1. —
4 — — Lohengrin et Tannhäuser de Richard Wagner. Lpzg. 1851. (4½ ℳ) 2. —
5 — — Dasselbe. Deutsch. Köln 1852.   Beides mit Musikbeilagen. 2. —
6 — — Gesammelte Schriften. Bd. I. (in dieser Ausgabe einziger). Cassel
1855.   Die Goethestiftung. — Chopin.   3. —
7 — — Les Bohémiens et leur musique en Hongrie. Paris 1859.   1. 50
   Von dieser ersten O.iginal-Ausgabe des berühmten Werkes besitze ich eine Anzahl
          neuer Exemplare und liefere
8 — — Drei Exemplare zusammen für   3. —
9 — — A Cziganyokról és a Czigany zenéröl Magyarországon. Pest 1851. 1. 50
      Liszt's Original-Ausgabe in ungarischer Sprache.
10 — — Chopin. Lpzg. 1879. (8 ℳ)   5. —
11 — **Schilling,** Gustav, Franz Liszt. Sein Leben u. Wirken aus näch-
ster Beschauung dargestellt. M. Portr. Stuttg. 1844.   Selten.   3. —
12 — **Adelburg,** A v., Entgegnung auf Franz Liszt's „Die Zigeuner und
ihre Musik in Ungarn. Pest 1859.   — 60
13 — **Ramann,** Lina, Franz Liszt. Bd. I. (bis jetzt einziger; 1811—1840).
Lpzg. 1880. Lwdbd. neu. (13 ℳ)   8. 50
14 — **Pohl,** Richard, Franz Liszt. Studien und Erinnerungen. Lpzg.
1883. Lwdbd. neu. (9 ℳ)   5. 50

15 **About,** Edm, Les mariages de Paris. Paris 1857.   — 80
16 — — Trente et Quarante. Paris 1859.   — 80
17 **Achard,** A, Les animaux malades de la peste. Lex-8. New-York 1866. 1. —
18 **Aeschylos,** Théatre. Trad. nouv. p. A Pierron. Paris (Charpentier) 1845. 1. —
19 **Aïol,** Chanson de geste, publiée d'après le manuscrit unique de Paris p.
J Normand et G Raynaud. Paris (Didot) 1877. Toile.   9. 50
20 **Album für die Orgel** zu JG Töpfer's Jubelfeier am 4. Juni 1867, in
Verbindung mit vielen Orgelfreunden, hrsg. v. Adelb Kühn. Weimar
1867. Hlwdbd. (12 ℳ)   4. —
21 **Alibert,** JL, Physiologie des passions ou nouvelle doctrine des sentimens
moraux. 2 vols. Bruxelles 1825.   2. —
22 **Alpenburg,** J v., eine Wanderung durch das Oetzthal nach Fend und
Gurgl nebst Umgebung. Innsbruck 1858.   * 1. —
23 **Ambros,** AW, der Dom zu Prag. M. viel. Stahlstichen u. 2 Musikbeilagen. 16. Prag 1858. Hlwdbd. (5 ℳ)   2. —
24 — — Kleinere Schriften. Bd. I. (einziger). Aus Italien. Pressburg
1878. (6 ℳ)   2. 50
25 **Ancillon,** Fréd, Tableau des révolutions du système politique de l'Europe dépuis la fin du 15. siècle. 4 vols. Berl. 1805. Hfrzbd.   8. —

2   Verzeichniss No. 365 der Otto'schen Buchhandlung in Erfurt.

ℳ ₰

26 **André**, Chs, Leçons choisies de littérature française et de morale.
   Lex.-8. Bruxelles 1861. D. veau.   3. —
27 **Anquetil**, Histoire de France. 12 vols. Paris 1828.   4. —
28 **Anthologie lyrique.** Recueil de poésies lyriques modernes de la France,
   de la Belgique et de la Suisse romande, suivi des notices biogr et litter.
   p. W Schönermark. Halle 1878. Toile et tranche doré, nouveau. (7 ℳ) 3. —
29 **Arany**, J, erzählende Dichtungen. Aus dem Ungarischen übersetzt v.
   KM Kertbeny. 2 Bde. Lpzg. 1851.   1. 50
30 — - Dieselben. Fpbd.   2. —
31 -. — Gedichte, übersetzt v. Demselben. 16 Genf 1861. Lwdbd.   1. 20
32 — — Dieselben, übersetzt v. L Koradi. 16. Kronstadt 1863.   — 80
33 — — Toldi - Toldi's Abend. Poetische Erzählung in 18 Gesängen,
   übers. v. M Kolbenheyer. 2 Bde. 16. Pest 1856.   1. 20
34 **Arioste**, L, Roland furieux, trad en prose p Phil de la Madelaine.
   Edition illustrée de 300 vign. et pll p T Johannot et A. Lex -8. Paris
   1844. Hfrzbd.   4. 50
35 — — Le même, trad. p le Comte de Tressan. Fol. Paris 1850.   1. —
36 **Aristote**, Politique. Traduite du grec avec des notes et des éclaircissemens p. Chs Millot. 3 vols. Paris 1803. Hldrbd   1. 20
37 **Armknecht**, Fr, die heilige Psalmodie. M. Noten Gött. 1855.   — 80
38 **Arnaud**, Ant, Oeuvres philosophiques. Avec des notes et introduction
   p. Jules Simon. Paris 1843. (3⅟ Frs)   1. 20
39 **Artaud-Hausmann**, LCE, Le tournoi poétique de la Wartbourg, poème
   allemande du XIIIme. siècle, traduit en français et préc. d'une etude
   sur la poésie chevaleresque de l'Allemagne au moyen âge. Paris 1865. 3. —
40 **Augier**, E, Les Fourchambault Comédie en 5 actes. Paris 1879. D toile. 1. —
41 **Autran**, J, Laboureurs et soldats. Paris 1854.   1. —
42 — — La vie rurale. Tableaux et récits. Paris 1856.   1. 20
43 **Bach's**, JohSeb, Compositionen für die Orgel. Kritische Ausgabe von
   FC Griepenkerl u. F Roitzsch. Bd. II u III. Lpzg. (Peters). (21 ℳ) 6. —
44 **Bacon**, de, Oeuvres, trad. p Riaux IIe. série. Paris 1845.   1. 20
45 **Baggesen**, Jens, Gedichte. 2 Bde. Hamburg 1803. Hfrzbd.   1. 20
46 **Baldinger**, Friderika, Lebensbeschreibung von ihr selbst verfasst. Hrsg.
   u. m. Vorrede v. Sophie Wittwe von la Roche. Offenbach 1791.   1. —
47 **Balzac**, H de, Oeuvres Vol. I — V, VII. et VIII. 4. Brux 1837 - 43. 20. —
                          Vergriffene, reichhaltige Ausgabe.
48 — — César Birotteau, parfumeur. 2 vols Brux. 1838.   — 80
49 — — Les petits bourgeois, scènes de la vie Parisienne Roman posthume.
   4 vols. 16. Brux. 1855.   1. 50
50 — — 11 contes choisies, illustr. Fol. Paris 1851.   1. 20
51 **Banck**, Otto, Gedichte. Lpzg. 1858. Hfrzbd m. Goldschn. Velinausgabe. 1. —
52 **Barante**, de, Histoire des Ducs de Bourgogne de la maison de Valois,
   1364 - 1477. 13 vols. et 1 vol. pll. Paris 1824 - 26. Hfrzbd.   20. —
                          Schöne Original - Ausgabe.
53 — — Tableau de la littérature française au 18e. siècle. 5e. édition.
   Paris 1832. (7⅟ ℳ)   2. —
54 **Baret**, Eugène, De l'Amadis de Gaule et son influence sur les moeurs
   et la littérature au 16. et 17. siècle. IIme. éd. Paris 1875.   3. —
55 **Barrière**, F, Mémoires inédits de Louis Henri de Loménie, Comte de
   Brienne, secrét. d'état sous Louis XIV 2 vols Paris 1828.   4. —
56 **Bastiat**, Fr, Harmonies économiques. Paris 1850. (7 ℳ)   3. —
57 — — Sophismes économiques. 2 vols. 16. Paris 1847 48.   1. 50
58 — — Propriété et loi. — Paix et liberté. - Capital et rente. — L'état.
   Maudit argent! 4 cahiers. 16. Paris 1848—49   1. 20
59 **Batissier**, L, Histoire de l'art monumental dans l'antiquité et au moyen
   age, suivi d'un traité de la peinture sur verre. Av. beauc. de gravv.
   sur bois et 4 pll. impr en couleurs. Lex-8. Paris 1845. Hfrzbd.   12. —
60 **Baude**, L'Algerie. 2 vols. Av. pll Paris 1841. (16 Frcs)   4. 50
61 **Baudelaire**, Chs, Théophile Gautier. Notice littér. Paris 1860. — 60
62 — — Les Paradis artificiels Opium et Haschisch Paris 1860.   1. 20
63 — — Les fleurs du mal. Av portr. 2e éd Paris 1861.   1. 20
64 **Beaumarchais**, Oeuvres complètes, préc. d'une notice sur sa vie et ses
   ouvrages p. Saint-Marc Girardin. Lex.-8. Paris 1838. (12 Frs.)   3. —
65 — **Bettelheim**, A, Beaumarchais. Biographie. Frkft. 1886. (10 ℳ) 7. —

Verzeichniss No. 365 der Otto'schen Buchhandlung in Erfurt. 3

1*

4 Verzeichniss No. 365 der Otto'schen Buchhandlung in Erfurt.

ℳ ₰

Bibliothèque Elzévirienne. Pet. in 8. Paris 1855—78.
99 — **Coquillart,** Oeuvres, revues et annotées p. Chs d'Hericourt. 2 vols. 8. —
100 — **Des Periers,** Bonav, Oeuvres, revues et annotées p. L Lacour. 2 vols. 8. —
101 — **Gaucher,** Cl, Le plaisir des champs, poëme en IV. livres revu et annoté p. P Blanchemain. 4. —
102 — **Nouvelles** françoises en prose du XIIIme. siècle. Avec une introd. et des notes p. L Moland et C d'Héricault. 4. —
103 — **Saint-Julien,** Les courriers de la Fronde. En vers burlesques. Revue et annotés par C Moreau. 2 vols. 8. —

Editions supérieurs et recherchées. Imprim. sur papier vergé est chacun volume relié en toile rouge doré et non rogné; ces volumes sont pour la plupart epuisées.

Bibliothèque française. Paris, Didot.
Format pétit in Octavo.
La plupart de volumes sont avec portrait. Les préfaces littéraires, ' les notes et les noticos ont été confiées à des écrivains distingués.

Prix de librairie de chaque volume relié 4 Mark.

104 **Bernardin de Saint-Pierre,** Oeuvres choisies. Av. portr. 1843. Toile. 1. —
105 — — Etudes de la nature. 1843. Toile. 1. —
106 **Buffon,** Oeuvres choisies, contenant les discours académiques, les épocques de la nature, des animaux etc. 2 vols. Avec portrait. 1843. Toile. 1. 50
107 — — Le volume IIe. séparém. cont.: Des animaux. 1843. Toile. 1. —
108 **Chateaubriand,** Vicomte de, Les martyrs. 1845. Toile. 1. —
109 — — Les Natchez. 1845. Toile. 1. —
110 — — Itinéraire de Paris à Jérusalem. 2 vols. 1844. Toile. 1. 50
111 — — Mélanges politiques et littéraires. 1845. Toile. 1. —
112 — — Analyse raisonnée de l'histoire de France. 1845. Toile. 1. —
113 **Chefs-d'oeuvre tragiques** de Rotrou, Crebillon, Lafosse, Saurin, de Belloi, Pompignan et la Harpe. 1843. Toile. 1. 20
114 **Florian,** Fables. 1846. Toile. 1. 20
115 **Malherbe,** Oeuvres, poésies et prose. Oeuvres de JB Rousseau. Oeuvres choisies de C Lebrun. Avec portrait. 1844. Toile. 1. 50
116 **Massillon,** Sermons et morceaux choisies. Av. portr. 1860. Toile. 1. 50
117 **Regnard,** Théatre, suivi de ses voyages en Laponie, en Pologne et de la Provençale. Av. portr. 1845. Toile. 1. —
118 **Rollin,** Traité des études. Nouv. éd. revue p. Letronne, et accomp. des remarques de Crévier. 3 vols. 1859. Toile. 4. 50
119 **Voltaire,** La Henriade, poème en dix chants. Av. portr. 1854. Toile. 1. 20
120 — — Théatre. Avec portrait. 1846. Toile. 1. —

Aus derselben vorzüglichen Sammlung in broschirten Bänden:
121 **Beaumarchais,** Théatre. 1841. — 80
122 **Bernardin de Saint-Pierre,** Oeuvres choisies. 2 vols. 1856. 1. —
123 **Boileau,** Oeuvres. 1858. 1. 20
124 **Bossuet,** Discours sur l'histoire universelle. 1855. — 80
125 — — Oraisons funèbres. 1843. 1. —
126 — — Sermons choisies. 1844. — 80
127 **Buffon,** Oeuvres choisies. 2 vols. 1859. 1. —
128 **Cervantes,** Don Quichotte, trad. par Florian. 1854. — 80
129 **Chateaubriand,** Analyse raisonnée de l'histoire de France. 1845. — 60
130 — — Atala — René — Les Abencérages. 1867. 1. —
131 — — Etudes. 1852. — 60
132 — — Le genie du christianisme. 2 vols. 1852. 1. 20
133 — — Itinéraire de Paris à Jerusalem. 2 vols. 1856. 1. 20
134 — — Les Martyrs. 1853. — 80
135 — — Mélanges politiques et littéraires. 1857. — 60
136 — — Les Natchez. 1844. — 70
137 **Petits chefs-d'oeuvre historiques.** 2 vols. 1846-60. 1. —
138 **Chefs-d'oeuvre tragiques.** 2 vols 1843-45. 2. —
139 **Corneille,** Pierre et Thomas. Théatre. 2 vols. 1863. 2. —
140 **Courier,** PL, Oeuvres. 1845. 1. —
141 **Cuvier,** G, Discours sur les révolution du globe. 1850. 1. 20
142 **Dante,** La divine comédie, trad. p. Artaud de Montor. 1862. — 60

Verzeichniss No. 365 der Otto'schen Buchhandlung in Erfurt.　5

ℳ ₰

143 **Delille,** Oeuvres choisies. 1850. — 60
144 **Desjardins,** Abel, Vie de Jeanne d'Arc. 1854. 1. —
145 **Fénélon,** De l'éducation des filles. 1848. 1. —
146 — — De l'éxistence et des attributs de Dieu. 1861. — 60
147 — — Aventures de Télémaque. 1848. — 80
148 **Florian,** Fables. 1863. — 60
149 **Foé,** Daniel, Robinson Crusoé. 1850. — 60
150 **Froissart,** Chroniques, ed. p. Yanoski. 1846. 1. 50
151 **Genoude,** Vie de Jésus-Christ. 1850. 1. —
152 **Homère,** Iliade — Odyssée, trad. p. Dugas Montbel. 2 vols. 1853. 1. —
153 **Joinville,** de, Mémoires, publ. p. Franc M i c h e l. 2. —
154 **La Bruyère,** Caractères. 1860. 1. 50
155 **La Fontaine,** Fables et oeuvres diverses. 1856. 1. 50
156 **Lesage,** Histoire de Gil Blas. 1865. 1. 50
157 **Lezaud,** PL, Platon. — Aristote. Exposé substantiel de leur doctrine
　　morale et politique. 1851. 1. 50
158 **Malherbe,** Oeuvres. Poésies et prose. 1843. — 60
159 **Marmontel,** Eléments de littérature. 3 vols. 1846. 2. —
160 **Massillon.** Pétit carême. Sermons et morceaux choisies. 1853. 1. —
161 **Maury,** JS, Essai sur l'éloquence de la chaire. 1850. — 70
162 **Maximes,** pensées etc. de L a R o c h e f o u c a u l d , M o n t e s q u i e u et
　　V a u v e n a r g u e s. 1853. — 80
163 **Mignet,** Histoire de la révolution française. 2 vols. 1855. 1. 50
164 **Montesquieu,** Esprit de lois. 1851. 1. —
165 — — Grandeur et décadence des Romains. — Lettres Persanes. 1857. — 80
166 **Pascal,** Lettres écrites a un provincial. 1842. 1. —
167 — — Pensées. 1860. 1. 50
168 **Pellico,** Mes prisons et des devoirs. trad. p. L Lezaud. 1852. — 80
169 **Racine,** J, Thèatre. 1871. 1. 50
170 **Racine,** Louis, Poésies. 1853. 1. —
171 **Regnard,** Théatre. 1843. — 70
172 **Rollin,** Traité des études. 3 vols. 1845. 2. —
173 **Rousseau,** JJ, Petits chefs-d'oeuvre. 1858. 1. —
174 — — Les confessions. 1858. 1. 20
175 **Sévigné,** Madame de, Lettres choisies. 1853. 1. 50
176 **Staël,** Madame de, Delphine. 1854. 1. 20
177 **Voltaire,** Commentaires sur Corneille. 1851. — 80
178 — — Contes, satires, épitres. 1841. 1. —
179 — — La Henriade. 1854. — 80
180 — — Histoire de Charles XII. 1853. 1. —
181 — — Siècle de Louis. XV. 1850. — 70
182 — — Théatre. 1860. — 70
183 **Biographie universelle** ou Dictionnaire historique conten. la nécrologie
　　des hommes célèbres de tous les pays, depuis le commenc. du monde
　　jusqu'à nos jours. Par une société des gens de lettres sous la direc-
　　tion de W e i s s. 6 vols. Nouv. édit. Lex.-8. Paris 1841. 20. —
184 **Bitter,** CH, J o h a n n S e b a s t i a n B a c h. 2 Bde. Mit Portr. und
　　Beilagen. 2. Aufl. Dresd. 1882 Neu. (24 ℳ) 14. —
185 — — Gesammelte Schriften. Lpzg. 1885. (10 ℳ) 4. 50
186 **Blackwood's** Edinburgh Magazine. 4 vols. Edinb. 1835. Hfrzbd. 2. —
187 **Blair,** J, Tables chronologiques qui embrassent toutes les parties de
　　l'histoire universelle, anné par anné. 4. Paris 1795. Hfrzbd. 3. —
188 **Blanc,** Ch, Les peintres des fêtes galantes. Av. 6 vign. Paris 1854. — 60
189 **Blaze de Bury,** Henri, Poésies complètes. Paris 1842. 1. 50
190 — — Ecrivains et poètes de l'Allemagne. Paris 1846. Hfrzbd. 1. 80
191 — — Le comte de Chambord. — Un mois à Venise. Paris 1850. — 60
192 **Blignières,** C de, Exposition de la philosophie et de la religion posi-
　　tives. Paris 1857. (3¼ Frs.) 1. 20
193 **Bloch,** Mor, ausführliche theoretisch-praktische Grammatik der unga-
　　rischen Sprache für Deutsche. 2. Aufl. Pesth 1846. Ppbd. 2. —
194 **Bode,** GH, Geschichte der hellenischen Dichtkunst. 2 Thle in 5 Bdn.
　　Lpzg. 1838—40. (34½ ℳ) 7. 50
195 **Boigne,** Chs, Petits mémoires de l'opéra. Paris 1857. D. veau. 1. 50
196 **Boissy,** Oeuvres diverses. 2 vols. 12. Paris 1812. 1. —

6 Verzeichniss No. 365 der Otto'schen Buchhandlung in Erfurt.

ℳ ₰

197 **Bonnechose**, E de, Histoire de France. 2 vols. 8e. éd. Paris 1818. 2. —
198 **Bonstetten**, ChsV, Etudes de l'homme, ou recherches sur le facultés de sentir et de penser. 2 vols. Génève 1821. 2. —
199 **Borrow**, George, The Zincali; or, an account of the Gypsies in Spain. With an collection of their songs and poetry, and a dictionary of their language. 2 vols. 3. edition. London 1843. Lwdbd. 8. —
Bossuet, Oeuvres compl. Lex-8. Paris 1826. (45 Fr.)
200 — Vol. II. Lettres et instructions. — Défense de la tradition et des Sts. Péres. 3. —
201 — Vol. III. Sermons et oraisons funèbres. 3. 50
202 — Vol. IX. Defensio declarationis clerici gallici. 3. —
203 **Bossuet**, Méditations sur les Evangiles. Paris 1845. Frzbd. m. Goldschn. 2. —
204 **Böttger**, Ad, Dämon und Engel. Gedicht. 16. Lpzg. 1850. — 60
205 — — Düstere Sterne. Neue Dichtungen. 16. Ebds 1852. 1. —
206 — — Habana. lyrisch-epische Dichtung. 16. Ebds 1853. Lwdbd m G. 1. 20
207 — — Der Fall von Babylon. Gedicht. 16 Ebds. 1855. Lwdbd. m G. (6 ₰) 1. —
208 — — Das Galgenmännchen. Dramat. Märchendichtung. Ebds. 1871. Lwdbd. m. G. 1. —
209 **Boullée**, A, Histoire complète des Etats-Généraux et autres assemblées representat de France. 1302—1626 2 vols. Paris 1845. 6. —
210 **Bourienne**, de, Ministre d'etat, Memoires. 11 vols. 16. Stuttg. 1830. Ppbd. (24⅓ ℳ) 4. —
211 **Bourniseaux**, PVJ de, Histoire de Louis XVI. avec les anecdotes de son règne. 4 vols. Paris 1829. 5. 50
212 **Bovet**, Felix, Le comte de Zinzendorf. 2 vols Av. 2 portrs. II. édition. Paris 1865. 4. —
213 **Brähmig**, B, Organisten-Schule. Bd II. Virtuose Studien und Ton-stücke. Lpzg. (5½ ℳ) 2. —
214 — — Praktisch-theoretische Pianoforteschule. 2 Curse complet 6. Aufl. Erfurt. Hlwdbd. (12 ℳ) 4. —
215 — — Dieselbe. 2 Curse. 9. Aufl. Lpzg. Neu (12 ℳ) 7. 50
216 **Bremer**, Frédérica, La famille H, trad. p Du Puget. Paris 1846. 1. —
217 — — Les filles du président, trad. p le même Paris 1847. (6 Frs) 1. 20
218 — — Les voisins, trad p. le même. 2 vols. Paris 1846. 2. —
219 **Brendel**, Frz, die Musik der Gegenwart und die Gesammtkunst der Zukunft. Lpzg 1854. Vergriffen. 3. —
220 — — Geschichte der Musik 6 (neueste) Aufl. Ebds 1878. (10 ℳ) 6. —
221 **Breuning**, G v., aus dem Schwarzspanierhause. Erinnerungen an Beethóven. M. Portr. u. Ansicht. Wien 1874. (3 ℳ) 1. —
222 **Briefwechsel** zwischen Schiller und Goethe i. d. J. 1794—1805. 2 Bde. 2. Aufl. Hrsg. v. H Hauff. Stuttg. 1856. (10 ℳ) 2. —
223 — — Dasselbe. 2 Bde. Ppbd. m. T. 3. —
224 **Brillat-Savarin**, Physiologie du gout ou méditations de gastronomie transcendante Paris 1853. (3½ Frs) 1. 50
225 **Brioude**, A de et L Baudet, Enseignement élémentaire universel ou encyclopédie de la jeunesse, illustr. de 400 gravures. Paris 1844. Hfrzbd. 1. 50
226 **Brockhaus'** Conversationslexikon. 15 Bde. 9. Aufl. Lex.-8. Lpzg. 1848. Eleg. Hfrzbde. (80 ℳ) 6 —
— Bilder-Atlas dazu. qu-4. Ebds. 1849—50. In Mappen.
227 — — Abth. 4. Völkerkunde. 42 Tafeln mit Text. (6 ℳ) 1. 80
228 — — Abth. 7. Geschichte der Baukunst. 60 Tafeln mit Text. (9 ℳ) 3. —
229 — — Abth. 8. Religion und Cultus. 30 Tafeln mit Text. 1. 80
230 — — Abth. 10. Nützliche Künste u. Gewerbe 35 Tafeln. 1. —
231 **Brougham**, Lord, Opinions. London 1837. Lwdbd. 2. —
232 — — A discourse of natural theology (Paley). London 1835. Lwdbd. 1. 50
233 — — Lives of men of letters and science, who florished in the time of George III. 2 vols. Paris 1845-46. 3. —
234 **Bruederlein**, LCM, Traité complet et raisonné de la prononciation française. Stuttg. 1843. D. toile. (7 ℳ) 2. —
235 **Brun de la Montaigne**, Roman d'aventures, publ. pour la Ire. fois, d'après le manuscrit p. P Meyer. Paris 1875. Toile. 4. —
236 **Buchez**, PJB, Histoire de l'assemblée constituante. 5 vols. (Hist. parlem. de la revol. fr. I.—V.) Paris 1846. Lwdbd. 4. 50

Verzeichniss No. 365 der Otto'schen Buchhandlung in Erfurt. 7

ℳ ₰

237 **Bulletin** du bibliophile belge, publ. p. F Heussner et A Scheller. Vol.
XI.—XV., XIX. et XX. (manque XII livr. I.) Brux. 1855 - 64. 4. 50
238 **Bulwer**, EL, L'étudiant. 2 vols Brux. 1835. — 80
239 **Burney**, Miss, Evelina; or, a history of a young Lady's introduction
in the world. Paris 1838. 1. —
240 **Buret de Longchamps**, Les fastes universels ou tableaux historiques,
chronol. et géogr. siècle par siècle. Un nouvel art de vérifier les dates
13 vols. Brux 1828. Zwei Bände etwas wasserfleckig. Die 3 Foliotafeln fehlen. 15. —
241 **Burke**, Edm, Works. With a biographical and critical introduction
by Henry Rogers. 2 vols. Lex -8 London 1841. Lwdbd. unbeschn. 12. —
Beste Ausgabe, mit schönem Porträt nach Reynolds, gest. v. Edwards.
242 **Bury**, de, Histoire de la vie de Henry IV., Roi de France et de
Navarre. 4 vols. Av portrs. IIIe. èd. Paris 1779 Frzbd. 4. 50
243 **Bussler**, Ld, musikalische Formenlehre. Berl. 1878. (4 ℳ) 2. -
244 **Byron**, Lord, Oeuvres complètes Traduction de A Pichot. 11e. éd.
acc de notes histor. et littér. et ornée de 14 gravures sur acier. Lex -8.
Paris 1842. Hldrbd. 3. —
245 -- — Harold. Után anya nyelvéböl magyarra forditotta J Bicker-
steth. Nyomtatta 1857. 1. 50
246 **Cäcilia**. Tonstücke für die Orgel zum Studium, Concertvortrag und
zum Gebrauche beim öffentlichen Gottesdienste. Hrsg. v. CF Becker.
3 Bde Lpzg. (18 ℳ) 6. —
247 **Calixte** et Mélibée, La Célestine, tragi - comédie, trad. de l'espagnol
p. Germond de Lavigne Paris 1841. (3! Frcs) 1. —
248 **Capéfigue**, Jacques II à Saint Germain. 2 vols. 16. Brux.1833. Hlwdbd. 1. —
249 — — Histoire de la restauration et des causes qui ont amene la chute
de la branche ainée des Bourbons. 10 vols. Brux. 1833. 3. 50
250 — — Histoire constitut. et administr. de la France depuis la mort
de Philippe-Auguste. 1223--1483. 4 vols. Brux. 1834. 2. 50
251 — — Les juifs au moyen age. Brux. 1834. 1. 50
252 — — Le gouvernement de Juillet, 1830--1835. 2 vols. Brux. 1836. 1. —
253 — — Richelieu, Mazarin, la Fronde et le règne de Louis
XIV. 6 voll. 16. Brux. 1836. 3. —
254 **Cantu**, César, Histoire universelle, trad. p. E Aroux et P Leopardi.
Vol. 3, 4, 5, 7, 8, 11, 16, 18. Paris 1844— 48. (48 Frs) 5. —
255 **Carrière**, Moriz, religiöse Reden u. Betrachtungen. Lpzg. 1856. (5! ℳ) 1. 80
256 **Cassel**, Paulus, der goldene Thron Salomo's Erf. 1853. Ppbd * — 80
257 — — Irene. Eine sprachlich-exegetische Skizze. Ebds. 1855. — 50
258 — — Prophetinnen u Zauberinnen im deutschen Alterthum. Weim.1855. — 50
259 — — Schamir. Beitrag zur Sagenkunde. Ebds. 1856. — 60
260 — — Eddische Studien. I. (einz.) Fiólvinnsmál. Weimar 1856. 1. 20
261 — — Ueber thüringische Ortsnamen. 2 Hefte. Erf. 1856—58. 1. 20
262 — — Das alte Erfurter Rathhaus u. seine Bilder M. Taff. Ebds. 1857. — 80
263 — — Rose und Nachtigall. Vortrag. Berlin 1860. — 50
264 **Castellan**, AL, Lettres sur la Morée et les iles de Cerigo, Hydra et
Zante. 2 vols Av. 23 dessins et 3 pll. Paris 1808. 4. —
265 **Casti**, Giamb, Gli animali parlanti. 3 ti. Paris 1802. Hfrzbd. 1. —
266 **Castle**, Quatres monographies phrénologiques. Paris 1850 1. —
267 **Catholicum Romanum**, d. i. vollständiges römisch-katholisches Gebetbuch. Augsburg 1882. Neu. (15 ℳ) 9. —
In prächtiger altgothischer Ausstattung im Stile der alten Livres d'heures.
Jede Seite mit einer reizenden Bordure und mit vielen Illustrationen von Klein.
268 **Cavé**, Le dessin sans maitre. Paris 1851. 1. —
269 — — L'aquarelle sans maitre. Paris 1851. 1. —
270 **Cayx**, Précis de l'histoire de France pendant le moyen age. 2e édition.
Paris 1840. (7 Frs.) 2. —
271 **Cervantes Saavedra**, Miguel de, L'ingenieux hidalgo Don Quichotte
de la Manche. Trad. et annoté p. Louis Viardot. Vignettes de Tony
Johannot. 2 vols. Lex.-8. Paris 1836. Hfrzbd. (40 Frs.) 10. —
Berühmte Ausgabe. 2 Bogen papierfleckig.
272 — — Don Quijote de la Mancha Paris 1864. Hfrzbd. m Goldschn. 5. —
Mit vielen Holzschnittbildern.
273 **César**, Jules, Les commentaires, latin et français, revue p. Wailly.
2 vols. Lyon 1812. 1. 20

8   Verzeichniss No. 365 der Otto'schen Buchhandlung in Erfurt.

M. d.

274 **César**, Julius, Denkwürdigkeiten über den gallischen Krieg, deutsch v.
H Köchly u. W Rüstow. 16. Stuttgart 1856. Hfrzbd.   1. 20
275 **Challié**, Mad. L de, Essai sur la liberté, l'égalité et la fraternité,
considerées aux points de vue chrétien, social et personel. Paris 1849. 2. —
276 — — Dasselbe. Deutsch v. F Frh. v. Riedenfeld. Wehren 1850.   1. —
277 **Chansons** nationales populaires et militaires, de 1789 — 1848. Avec
des notes histor. p. Dunnersan. 16. Paris.   1. 20
278 **Chapellon**, Alph, Reflets. Poésies. 16. Odessa 1887.   1. —
279 **Charactères** et anecdotes de la cour de Suède. Paris 1792.   1. 50
280 **Charleroix**, Histoire et description du Japon   Tours 1842.   1. —
281 **Chasles**, Ph, Revolution d'Angleterre. Charles Ier, sa cour son peuple
et son parlement. 1630 — 60. Lex -8. Paris. Hfrzbd.   3. 50
     Mit vielen schönen Stahlstichen u. Holzschnitten. Davon einige leicht stockfleckig.
282 **Chateaubriand**, Oeuvres choisies. 10 vols. Paris 1844 - 67.   7. —
283 **Chaudon**, LM et FA Delandine, Dictionnaire historique ou histoire
abrégée de tous les hommes qui se sont fait un nom. 13 vols. 8e. edit.
Lyon 1804. Hfrzbd.   10. —
284 **Chenier**, de, Recherches historiques sur les Maures et l'histoire de
l'empire de Marocco. 3 vols. Paris 1787. Hfrzbd.   4. 50
285 **Chevalier**, M, Les intérêts matériels en France. Paris 1841.   1. —
286 **Chevé**, E, La routine et le bon sens. Lettres sur la musique. Ie. partie.
Paris 1852.   1. —
     Choix de chroniques et mémoires sur l'histoire de France. Avec notes
     et notice. p. JAC Buchon. Lex -8. Paris 1838. (à 15 Frs.)
287 — Jacques du Clercq (1448 - 1467). Léfebre de St. Remy. (1407—1435.) 5. 50
288 — Robert Macquéreau, chron. de la maison de Bourgoigne de 1500—27.
— Comte de Cheverny (1528 — 1599.) — Phil Hurault. (1599 — 1600.)
St. Auban (1572—1587.) — Satyre Menippée.   5. 50
289 **Chronologie**, biblische, m. Fortsetzung bis auf unsere Zeit. Tüb. 1851. — 80
290 **Chronique** du Mont - Saint - Michel (1343—1468), publ. avec notes etc.
p. S Luce. 2 Vols. Paris 1879 - 81. Toile.   19. —
291 **Chrysander**, Fr, GF Händel. Bd. I—III. Abth. I. (soweit als erschienen.) Lpzg. 1858—67. (20 *M*)   12. —
292 **Les classiques de la table.** ed. p Améro. 2 vols. Paris 1855.   4. —
     Cont. les écrits de Brillat - Savarin, Grimod, de Reynière, de Cussy,
     Berchoux, Colnet etc.
293 **Clé de la vie.** L'homme, la nature, les mondes, dieu, anatomie de la
vie de l'homme. Révélations sur la science de dieu, rec. et préc. p.
C Sardou et L Pradel. 2 vols. Paris 1858. Hfrzbd.   3. —
     Collection des Auteurs latins, publiée sous la direction de Nisard.
     Lex.-8. Paris 1843—45. Texte en latin et français.
294 — **Les agronomes** latins: Caton, Varron, Columelle, Palladius. (15 Frs.) 6. —
295 — **Cicéron**, Oeuvres complètes. 5 vols. (67½ Frs.)   20. —
296 — **Cornelius Népos**, Quinte - Curce, Justin, Valérie Maxime, Julius
Obsequens. Oeuvres complètes. (15 Frs.)   5. —
297 — **Horace**, Juvénal, Perse, Sulpicia, Catulle, Tibulle, Properce, Gallus
et Maximien, Phèdre et Syrus. Oeuvres complètes.   6. —
298 — **Live**, Tite, Oeuvres avec commentaire p. Ph le Bas. 3 vols.
(37½ Frs.)   12. —
299 — **Lucain**, Silius Italicus, Claudien. Oeuvres complètes.   5. —
300 — **Lucrèce**, Virgile, Valerius Flaccus. Oeuvres complètes. (15 Frs.) 6. —
301 — **Ovide**, Oeuvres complètes. (15 Frs.)   6. —
302 — **Pétrone**, Apulée, Aulu-Gelle. Oeuvres complètes. (15 Frs.)   7. —
303 — **Quintilien** et Pline le jeune. Oeuvres complètes. (15 Frs.) 5. 50
304 — **Salluste**, Jules César, C Velléius Paterculus et A Florus. (12 Frs.) 5. —
305 — **Sénèque**, le philosophe, Oeuvres complètes. (15 Frs.)   5. 50
306 — **Stace**, Martial, Manilius, Lucilius junior, Rutilius, Gratius Faliscus,
Némésianus et Calpurnius. (15 Frs.)   7. —
307 — **Suétone**, les ecrivains de l'histoire Auguste, Eutrope, Sextus Rufus.
(15 Frs.)   6. —
308 — **Tacite.** Oeuvres. (12 Frs.)   5. —
309 — **Théatre** complet des latins, compr. Plaute, Térence et Sénèque le
tragique. (15 *M*)   6. —
     Eine vorzügliche Sammlung: gute lateinische Texte und geschmackvolle französische
     Uebersetzung mit Noten.

Verzeichniss No. 365 der Otto'schen Buchhandlung in Erfurt. 9

ℳ ₰

Collection of British authors. Leipzig, Bernh Tauchnitz, 1842—1880.
Daraus einzeln: (Der Ladenpreis für den Band beträgt 1 ℳ 60 ₰.)

310 — **Ainsworth**, WH, Windsor castle.	—	50
311 — — The Lancashire witches. 2 vols.	1.	—
312 — — The flitch of Bacon.	—	50
313 — **Bell**, Currer, Villette. 2 vols.	1.	20
314 — — Ellis and Acton, Wuthering heights. 2 vols. Lwdbd.	1.	20
315 — **Bulwer**, E Lytton, The last days of Pompeji. Hprgtbd.	—	70
316 — — Night and morning.	—	60
317 — — What will he do with it? 4 vols.	2.	—
318 — **Collins**, Wilkie, The woman in white. 2 vols.	1.	20
319 — **Dickens**, Chs, Dombey and son. 3 vols.	1.	80
320 — — Copperfield. 3 vols.	1.	80
321 — — Little Dorrit. 4 vols.	2.	50
322 — — Christmas stories. Hlwdbd.	—	70
323 — — The letters. 3 vols. Hlwdbd.	2.	50
324 — **Disraeli**, Benj, Coningsby; or, the new generation. Hlwdbd.	—	50
325 — — Sybil; or, the two nations. Hfrzbd.	—	50
326 — — Alroy. Hfrzbd.	—	50
327 — — Tancred; or, the new crusade. 2 vols. Hfrzbd.	1.	—
328 — **Edwardes**, Mrs, A blue-stocking. Hlwdbd.	—	50
329 — Paul Ferroll.	—	50
330 — **Forrester**, Mrs., June. 2 vols.	1.	—
331 — **Fullerton**, Georgina, Lady-Bird. 2 vols.	1.	20
332 — **Bret Harte**, Prose and poetry. 2 vols. Hlwdbd.	1.	20
333 — **Holmes**, OW, The autocrat of the breakfeast-table. Hlwdbd.	—	50
334 — **Jerrold**, Douglas, The history of St. Giles and St. James. 2 vols.	1.	—
335 — — Men of charakter. 2 vols.	1.	—
336 — **Kimball**, RB, Saint Leger.	—	50
337 — **Kinglake**, Eothen. Hldrbd.	—	50
338 — **Lever**, Chs, Arthur O'Leary. 2 vols.	1.	—
339 — — Harry Lorrequer. 2 vols.	1.	—
340 — — Tom Burke of „Ours." 3 vols. Hfrzbd.	1.	50
341 — — Charles O'Malley. 3 vols.	1.	50
342 — — Jack Hinton. 2 vols.	1.	—
343 — — The Daltons: or, three roads in life. 4 vols. Lwdbd.	2.	—
344 — — The Dodd family abroad. 3 vols. Ppbd. m. T.	1.	50
345 — — The Martins of Cro' Martin. 2 vols.	1.	—
346 — — Maurice Tiernay. 2 vols.	1.	—
347 — **Lewes**, GH, Ranthorpe.	—	60
348 — **Linton**, E Lynn, Todhünters at Loanin 'head.	—	50
349 — **Macaulay**, ThomB, The history of England. 10 vols.	8.	50
350 — **Marryat**, Captain, Jacob Faithfol. Hlwdbd.	—	60
351 — — Japhet in search of a father. Hwdbd.	—	60
352 — — The settlers in Canada. Ppbd.	—	60
353 — **Murray**, ECG, French pictures in english chalk. 2 vols. Ppbd.	1.	—
354 (— —) The boudoir cabal, by Trois-Etoiles. 3 vols. Ppbd.	1.	50
355 — **(Ruffini)** Doctor Antonio. Hlwdbd.	—	60
356 — **Scott**, Walter, The fair maid of Perth. Hlwdbd.	1.	—
357 — **South Sea bubbles**, by the Earl and the Doctor. Hlwdbd.	—	50
358 — **Sterne**, L, The life and opinions of Tristram Shandy. Hlwdbd.	—	80
359 — — A sentimental journey. With the portr. Ppbd	—	80
360 — **Stowe**, Harriet Beecher-, Uncle Tom's cabin. 2 vols.	1.	—
361 — — A key to Uncle Tom's cabin. 2 vols.	1.	—
362 — — Dred; a tale of de great dismal swamp. 2 vols.	1.	—
363 — **Thackerey**, WM, Vanity fair. 3 vols. Hlwdbd.	1.	80
364 — — The history of Henry Esmond. 2 vols.	1.	20
365 — **Trollope**, A, An eye for an eye.	—	50
366 — **Warren**, Passages from the diary of a late physicien. 2 vols.	1.	—
367 — **Warren**, S, Now and then.	—	50
368 — — The Lily and the bee.	—	50
369 **Collection des classiques français.** 2 vols. Paris 1828. Ppbd.	3.	—

10   Verzeichniss No. 365 der Otto'schen Buchhandlung in Erfurt.

ℳ ₰

370 **Collé**, Chs, Journal et Mémoires sur les hommes de lettres, les ouvrages. dramatiques et les évènements mémorables du règne de L o u i s XIV. Nouv. éd. p. H Bonhomme. 3 vols. Paris.   13. 80
371 **Combalot**, La connaissance de Jésus Christ ou le dogme de l'incarnation. 4. éd. Paris 1864. Lwdbd.   2. —
872 **Comédies historiques.** Paris 1827.   1. 50
373 **Commines**, Phil de, Lettres et négogiations, publ. Avec un comment histor. et biograph p. le Baron Korvyn de Lettenhove. 3 vols. Brux. 1867—1874.   10. —
374 — — Mémoires, cont. l'hist. des Rois Louis XI. et Charles VIII. T. I en 2 parties. Bruxelles 1707. Lederbd   2. —
Enthält die Geschichte Ludwig XI. vollständig.
375 **Die Componisten** der neueren Zeit. Biographien. 82 verschiedene Hefte. Mit Porträts. 16 Cassel 1854—57. (32¼ ℳ) Vergriffen.   6. —
376 **Condillac**, de, Cours d'étude pour l'instruction du Prince de Parme, 12 vols. Génève 1780. Hfrzbd.   3. 50
377 **Constant**, Mémoires sur la vie privée de N a p o l é o n, sa famille et sa cour. 5 vols. 16. Stuttg. 1831. Bd. I. br., II — V. cart.   2. —
378 **Constantinople** ancienne et moderne; compr. aussi les sept églises de l'Asie Mineure. Illustrés d'après les dessins p. Thom A l l o m. 65 magn. gravv. sur acier av. un texte descr. et hist. p. L G a l i b e r t et C P e l l é. 2 vols. 4. Paris s. d. Hfrzbd. m. Goldschn. (60 Frs)   12. —
379 **Cooke**, J, Troisième voyage à l'océan pacifique. 4 vols. Paris 1785. Hfrzbd. 6. —
380 **Cooper**, JF, Le lac Ontario ou le guide, trad. p. AJB Defauconpret. 3 vols. Brux. 1840.   1. —
381 **Corbière**, Ed, Scènes de mer. 2 vols 1835. D. toile.   1. —
382 — — Les aspirans de marine. 2 vols 1835. D. toile.   1. —
383 — — Les îlots de Martin Vaz, roman marit. 2 vols. 1842. Cart. 1. —
384 **Corne**, H, Le Cardinal M a z a r i n. Paris 1867.   — 70
385 **Corneille**, Pierre et Thomas, Théatre. Avec notes et commentaires. 2 vols. Av. portr. Paris (Didot) 1868.   3. —
886 — **Taschereau**, J, Histoire de la vie et des ouvrages de P C o r n e i l l e. IIIme. (et dern) éd. 2 vols. Paris 1869.   4. 50
387 **Cornelius**, CA, der Antheil Ostfrieslands an der Reformation bis zum Jahre 1535. s l. 1851.   1. —
388 — — Die Münsterischen Humanisten. Münster 1851.   1. —
389 **Cortés**, D, Lettres et discours, trad. de l'espagnol. Paris 1850. — 50
390 **Courcelles**, de, Dictionnaire historique et biographique des généraux Français depuis les IIe. siècle jusqu'en 1820. 9 vols Paris 1820 23. 12. —
391 **Courier**, PL, Oeuvres, précédées de sa vie par Armand Carrel. Av. portr. Paris (Didot) 1845. (2½ ℳ)   1. —
392 **Cousin**, Victor, Du vrai, du beau et du bien. Paris 1854.   2. 50
393 **Coxe**, Will, Histoire de la maison d'Autriche. Trad. de l'anglais p. PF Henry. 5 vols. Paris 1810.   2. —
394 **Craon**, Mad. la Princesse de, T h o m a s M o r u s. 2 vols. Brux. 1833. Hfrzbd.   1. —
395 — — Henri Percy, Comte de Nordhumberland. 2 vols. Brux. 1835. 1. —
896 **Creuzer**, Fred, Religions de l'antiquité considérées principalem. dans leurs formes symboliques. Refondu, complété et développé p. JD G u i g- n i a u t. 4 vols en 10 parties Av. 262 pll. Paris 1825—41.   12. —
Die deutsche Ausgabe hat nur 93 Tafeln.
897 **Les crimes de la philosophie.** Paris 1804. Hlwdbd. Selten. 1. 50
398 **Cuvier**, G, Les revolutions de la surface du globe. Paris 1840. 1. —
399 **Czerny**, Ch, erster Clavier-Unterricht. 4 Hefte. Bonn. Ppbd. (6½ ℳ) 2. —
400 — — Der Wiener Clavierlehrer. 2 Hefte. Wien. Ppbd. (10 ℳ)   3. —
401 **Daniel**, s. J, La morale philosophique avant et après l'evangile. Paris 1856.   1. 20
402 **Danielik**, NJ, C o l u m b u s vagy Amerika fölfedezése. Pesten 1857. 4. —
Ausgabe anf Velinpapier mit Portrait und Karte.
403 — — Magyarországi szent erzsébet élete. Pesten 1857.   1. —
404 — — A történet szelleme. Történet-bölschelmi értekezés. Pesten 1857. 1. 20
405 **Dante Alighieri**, L'enfer — Le paradis. Trad. de l'italien avec des notes explic. pour chaque chant. 2 vols. Paris 1812. Hfrzbd.   1. 50

Verzeichniss No. 365 der Otto'schen Buchhandlung in Erfurt.   11

ℳ ₰

406 **Dante,** La divine comédie, trad. p. Artaud de Montor. Paris 1846. Toile. 1. —
407 — — La même. Paris 1849 D. veau.   1. 20
408 — **Artaud de Montor,** Histoire de Dante Alighieri. Av. Portr.
     Paris 1841.   4. —
409 — **Blanc,** LG, Vocabolario Dantesco ou Dictionnaire critique et raisonné
     de la Divine Comédie. Leipsic 1852.   Vergriffen.   5. —
410 **Dargaud,** JM, Histoire d'Elisabeth d'Angleterre. Paris 1866. Hfrzbd.   4. —
411 — — Histoire d'Olivier Cromwell. Paris 1867. Hfrzbd.   3. —
412 **Daru,** P, Histoire de la république de Venise. 28 ts. en 7 vols. 16.
     Stuttgart 1828. Ppbd. (17½ ℳ)   4. —
413 **Dassange,** Heures nouvelles, paroissien complet latin-français. Paris
     1841. Saffianband mit Goldschnitt und Schliessen.   7. 50
     Vorzüglich ausgestattet: Mit vielen Vignetten, Randeinfassungen, 2 Farbendruck-
     tafeln und 12 Bildern von Fr Overbeck, gest. v. J Keller.
414 **Daudet,** Alph, Fromont jeune et Risler ainé. Paris 1876. Hlwdbd.   1. 80
415 **Le débat** des hérault d'armes de France et d'Angleterre, suivi de the
     debate Between the heralds of England and France, by John Coke.
     Paris 1877. Toile   8. —
416 **Debay,** A, Hygiène du visage et de la peau. Paris 1850. Lwdbd.   1. —
417 **Defoe,** D, The life and adventures of Robinson Crusoë. Paris 1856.   1. 20
418 **De Gerando,** A, La Transylvanie et les habitants. 2 vols. Av. figg.
     Paris 1845. Hfrzbd. (18 Frs)   6. —
419 — — L'esprit public en Hongrie depuis la révolution française. Paris 1848. 3. —
420 **Délavigne,** A, Manuel complet des aspirants baccalauréat ès-lettres.
     2 vols. 8e. édit. Paris 1842. Hfrzbd.   3. —
421 **Délavigne,** Casimir, Oeuvres complètes. Lex.-8. Paris 1836. Hfrzbd.
     (15 Frs)   4. —
422 — — Les mêmes. Nouvelle édition, augmentée de poésies inedits. 4
     vols. Paris 1877—81.   8. 50
423 **Delécluze,** EJ, Dante Alighieri ou la poésie amoureuse. Paris 1848.   2. —
424 **Délille,** J, Oeuvres. 6 vols. Av. figg. 16. Paris 1802—8.   3. —
425 — — Oeuvres, avec les notes. Lex-8. Paris 1837. (15 Frs)   4. —
426 **Delrieu,** A, Le Rhin. Légendes, moeurs, traditions, coutumes. Histoire
     du fleuve. Av. 36 grav. s. b. Brux. 1850.   2. 50
427 **Delvenne,** Biographie ancienne et moderne des Pays-Bas. 2 vols
     Liège 1828—29.   4. —
428 **Démosthène et d'Eschine,** Oeuvres complètes. Traduction nouvelle
     av. des notes p. JF Stiévenart. Lex-8. Paris 1842 (12 Frs)   4. —
429 **Demoustier,** CA, Lettres à Emilie sur la mythologie. 2 vols. Av 2
     grav. Paris 1824.   Titel leicht papierfleckig.   1. 50
430 **Denis,** Ferd, Une fêtes Brésilienne célébrée a Rouen en 1550. Av. 1
     pl. Paris 1851.   Selten.   3. —
431 **Deschamps,** Eustache, Oeuvres complètes, publ. d'après le manuscrit
     p. M de Queux de Saint Hilaire. Paris 1878. Toile, nouveau.   9. 50
432 **Deschanel,** E, Christophe Colomb et Vasco de Gama.   1. 50
433 **D'Eschavannes,** JA, Armorial universel précédé d'un traité complet
     de la science du blason et suivi d'un supplément. Av. 8 pll. en or et
     en couleurs et plus vignettes sur bois. Lex.-8. Paris 1844. Pracht-
     band, neu.   10. —
434 **Desormeaux,** Histoire de Louis de Bourbon II, Prince de Condé,
     surnommé le Grand. 4 vols Avec beaucoup de planches et un por-
     trait. Paris 1766—68. Frzbd.   5. 50
435 **Desprez,** Hipp, Les peuples de l'Autriche et de la Turquie. 2 vols.
     Paris 1850.   4. 50
436 **Devrient,** Ed, meine Erinnerungen an Felix Mendelssohn-Bar-
     tholdy u. s. Briefe an mich. M. M.'s. Portr. 2. Aufl. Lpzg. 1872. (6 ℳ) 2. —
437 — — Dasselbe. Eleg. Lwdbd.   2. 50
438 **Dictionnaire** historique; ou histoire de tous les hommes qui se sons
     fait un nom. 9 vols. 8e. édit. Caen 1789 Frzbd.   5. —
439 **Dictionnaire** des sciences philosophiques. Par une société de savants,
     red. p. A Franck 6 vols. Paris 1844—52. (60 Frs)   18. —
     Dictionnaires.
440 **Battier,** W et A Legrand, Lexique français-anglais. Paris 1882. D.
     veau. (4 ℳ)   2. 50

12   Verzeichniss No. 365 der Otto'schen Buchhandlung in Erfurt.

M. ₰.

441 **Bescherelle**, Dictionnaire usuel de tous les verbes français, contenant
par ordre alphabétique les 7000 verbes de la langue française avec leur
conjugaison complète. 2 vols. Paris. D. veau.   9. —
442 **Boiste**, PCV, Dictionnaire universel de la langue française avec le
latin. 2 vols. Lex.-8. obl. Paris 1808. Hfrzbd.   1. 50
443 — — Dictionnaire universel de la langue française. VII. éd. 2 vols.
Lex.-8. Brux. 1828. D. veau.   5. 50
444 — — Dictionnaire universel de la langue française, avec le latin et
les etymologies; les termes propres aux sciences, arts, métiers etc. et
comparé avec le Dictionnaire de l'Academie p. Chs. Nodier. 4. Paris
1840. D. veau. (22½ *M*)   9. —
445 **Boyer**, Dictionnaire anglais-français et français-anglais. 2 vols. 29e.
édit. revue p. E Thunot. 2 vols. Paris 1831. Hlwdbd.   4. —
446 — — Dictionnaire français-anglais et anglais-français ed. p. G Hamonière.
Lex.-8. Paris 1838. Veau.   4. 50
447 **Briccolani**, Dictionnaire français-italien et italien-français. 2 vols. 16.
Paris 1843.   1. 20
448 **Dictionnaire de l'Academie française.** 2 vols. Ve. édition. 4. Paris
1800. Hldrbd.   3. —
449 — — La même édition. 2 vols. Frzbd.   4. —
450 — — La dernière édition. 2 vols. gr. in 4. Bruxelles 1845. Hfrzbd. 8. —
451 — — Nouvelle édition, enrichie de la traduction allemande p. SH
Catel. 2 vols. 4. Berlin 1800. Hfrzbd.   4. —
452 **Dictionnaire** français-polonais et polonais-français. 3 vols. 5e. édit.
16. Berlin s. d. (24 *M*)   7. —
453 **Dictionnaire** raisonné universel des arts et métiers. 5 vols. Lyon
1801. Frzbd.   2. —
454 **Dictionnaire encyclopédique usuel** publié sous la direction de Chs
Saint-Laurent. IIe éd. (1470 pp. à 2 col.) Paris 1843. Hfrzbd.   5. —
455 **Dictionnaire** des proverbes français. 2e éd. Paris 1821.   4. —
456 **Dictionnaire** universel des sciences, des lettres et des arts, red. p. N
Bouillet. Lex.-8. Paris 1854. Hfrzbd. (25½ Frs.)   6. —
457 **Hauschild**, EJ, grammatisches Handwörterbuch der französischen
Sprache. Lpzg. 1837. Lwdbd.   1. 50
458 — — Etymologisches Wörterbuch d. franz. Sprache. Lpzg. 1844.   1. —
459 **Henschel**, Dictionnaire des langues française et allemande. Ouvrage
adopté par l'université. 2 vols. Lex.-8. Paris 1839. D. veau.   8. —
460 **Hindoglu**, A, Dictionnaire français-turc et turc-français. 2 vols. Lex.-8.
Vienne 1831—38. (24 *M*)   10. —
461 **Holtermann**, Ad, deutsch-französisches phraseologisches Wörterbuch.
Dortmund 1882. (3 *M*)   1. 20
462 **Ife**, A, Hilfswörterbuch d. frannös. Sprache Berl. 1834. Ppbd.   1. 80
463 **Landais**, Napoléon, Dictionnaire général et grammatical des Diction-
naires français. 2 vols. 4. Paris 1834. Ppbd. m. T.   8. —
464 **Laveaux**, JCh, Dictionnaire synonymique de la langue français. 2 vols.
Paris 1826.   3. —
465 **Littré**, E. Abrégé du Dictionnaire de E Littré, avec un supplément,
d'histoire et de géographie p. A Beaujean. 6e. (et dern.) edition.
Lex.-8. Paris 1882. D. veau, comme nouveau.   9. —
466 — — Wie ich mein Wörterbuch der französischen Sprache zu Stande
gebracht habe. Mit Portr. Lpzg. 1881. (2 *M*)   1. —
467 **Lopez**, M et ME Orrit, Dictionnaire français-espagnol et espagnol-
français. 16. Paris Toile   2. —
468 **Martinelli**, Jos, Dictionnaire français-italien et italien-français. 2 vols.
16. Paris 1819.   1. —
469 **Molé**, A, neues Taschenwörterbuch der französischen und deutschen
Sprache. 2 Theile. in 1 Bd. 16. Brschwg. 1872. Hfrzbd.   1. 80
470 **Mozin**, Dictionnaire a l'usage des Allemands et Français. 4 vols. gr.
in 4. Stuttgart 1826. Veau.   4. 50
471 **Mozin-Pescher**, Dictionnaire complet des langues française et allemande. 2 vols. IV. éd. 4. Stuttg. 1863. Hfrzbd. (36 *M*)   12. —
472 **Noel**, Fr, Dictionarium latino-gallicum et gallicum-latinum. 2 voll.
Lex.-8. Paris 1824—33. Prgtbd.   4. 50

Verzeichniss No. 365 der Otto'schen Buchhandlung in Erfurt. 13

ℳ ₰

473 **Noel**, Fr et LJ Carpentier, Dictionnaire étymologique, critique, historique, anecdotique et littéraire. Pour servir à l'histoire de la langue française. 2 vols. Paris 1839. 10. —
474 **Noël und Chapsal,** französisch-deutsches u. deutsch-franz. Wörterbuch. 2 Bde., bearb. von H Leng und OLB Wolff. Lex.-8. Weimar 1844. Hfrzbd. (27 ℳ) 5. —
475 **Noël et Chapsal,** Nouveau Dictionnaire de la langue français. XIIme. édition. Lex.-8. Paris 1848. Veau. 4. —
476 **Nunez** de Taboade, Dictionnaire de poche français-espagnol et espagnol-français. 16. Paris 1835. Veau. 2. —
477 **Olinger,** Dictionnaire classique français - flamand et flamand - français. 2 vol. IV ed. Lex -8. Malines 1852. Ppbd. 15. —
478 **Peschier,** A, Wörterbuch der deutschen und französischen Sprache. 2 Bde. 3. (neueste) Aufl. Lex.-8. Stuttg. 1876. Eleg. Hfrzbd. neu. (16 ℳ) 7. 80
479 **Poitevin,** P, Dictionnaire de la langue française, glossaire raisonné de langue écrite et parlée. Lex.-8. Paris 1866. D. veau, nouveau. 8. —
480 **Ronna,** A, Dictionnaire français - Italien et Italien - français. Paris 1859. Toile. 3. 50
481 **Sachs,** K, französisch - deutsches u. deutsch-französisches Wörterbuch. Hand- u. Schulausgabe. 2 Bde. Lex.-8. Berl. 1881. Eleg. Lwdbde. wie neu. (14½ ℳ) 11. —
482 **Sachs,** K u C Villatte, encyklopädisches französisch-deutsches und deutsch-französisches Wörterbuch. 2 Bde. Lex.-8. Berlin 1882. Eleg. Hfrzbd. (74 ℳ) Schönes Exemplar. 63. 50
483 **Trotz,** MA, Dictionnaire français, allemand et polonais. 2 vols. et polonais, allemand. et polonais. 2 vols. Ensemble 4 vols. IVe. (et dern.) édit. Lex.-8. Breslau 1832. Hfrzbd. (35½ ℳ) 18. —

484 **Didot,** Ambr, Observations sur l'orthographe ou ortografie française, suivies d'une histoire de la réforme orthographique depuis le XVme. siècle jusqu'à nos jours. IIme ed. Paris 1868. 4. —
485 **Diez,** Fr, Leben und Werke der Troubadours. 2. Aufl., hrsg. v. K Bartsch. Lpzg. 1882. (10 ℳ) 6. 80
486 — -- Die Poesie der Toubdours. 2. Aufl., hrsg. v. K Bartsch. Ebds. 1983. (6½ ℳ) 4. 80
487 **Disraeli,** B, Tancred or the new. crusade. Paris 1847. 1. —
488 — — Lord Georg Bentinck. Biographie. Cassel 1854. (3 ℳ) 1. —
489 **Documents** pour servir a l'histoire de la captivité de Napoléon Bonaparte à Saint-Hélène. Av. 5 gravv. color. Paris 1821. 1. 50
490 **Dodécaton** ou le livre des Douze. 2 vols. 1836. 1. —
491 **Döllinger,** JJJ v., Christenthum und Kirche in der Zeit der Grundlegung. Regensburg 1860. (7 ℳ) 4. —
492 **Drieberg,** Fr v., die mathematische Intervallenlehre der Griechen. M. 1 Kupfer. 4. Berlin 1818. (4½ ℳ) 1. 50
493 **Drouineau,** Gust, L'ironie. 2 vols. Brux. 1834. 1. —
494 — — Le manuscrit vert. 2 vols. Brux. 1834. 1. —
495 **Duller,** Ed, der Fürst der Liebe. Dichtungen. 16. Cassel 1854. Eleg. Lwdbd. m. Goldschn. wie neu. 1. 50
496 **Dumas,** Alex, Gaule et France. Brux. 1833. — 60
497 — — Acté. 2 vols. 1839. D. toile. — 80
498 — — La comtesse de Salisbury. 2 vols. D. toile. 1. —
499 — — Vie et aventures de John Davis. 2 vols. Brux. 1840. Hfrzbd. 1. —
500 — — Ascanio. 3 vols. 1843. 1. —
501 — — Amaury. 2 vols. — Une fille du régent. 3 vols. 1844. 1. 50
502 — — Les Medicis. — La guerre des femmes. 5 vols. 1845. 1. 50
503 — — Le chevalier de maison-rouge. 3 vols. 1845. Toile. 1. 20
504 — — Edouard III. 2 vols. 1848. — 60
505 — — La comtesse de Salisbury. 2 vols. 1848. — 60
506 — — Louis XV. 2 vols. Brux. 1849. 1. —
507 — — Mémoires de Talma. 3 vols. 1850. 1. —
508 — — Le chevalier de Maison Rouge. Vingt ans après. 2 vols. Av. beauc. de gravures sur bois. pet. in Fol. Paris 1852. 1. 20
509 — — Saphir. Pierre précieuse montée. Paris 1854. — 80
510 — — Le compagnon de Jehu. 7 vols. 1857. 3. —

14   Verzeichniss No. 365 der Otto'schen Buchhandlung in Erfurt.

		ℳ ₰
511 **Dumas**, Alex, Le meneur de loups. 3 vols. 1857.		1. —
512 — — La route de Varennes. Lpzg. 1858.		— 60
513 — — Ammalat-Beg. 2 vols. 1859.		— 50
514 — — Napoléon. Paris 1862.		— 50
515 **Dumas fils**, Alex, La dame aux perles. Paris 1854.		1. —
516 — — Diana de Lys. Comédie 1854.		— 50
517 — — Le demi-monde. Comédie. Paris 1855.		— 60
518 — — L'étrangère Comédie. Paris 1878. D. toile.		— 80

519 **Dumont**, E, Souvenirs de Mirabeau et sur les deux premières assemblées législatives. Ouvr. posth. publ. p. J L Duval. Paris 1832.   3. —
520 **Düntzer**, H, Goethe's Faust. Erster und zweiter Theil. Zum ersten
Mal vollständig erläutert. 2 Bde. Lpzg. 1850. (14 ℳ)   3. —
521 **Dunois**, Armand, Le secrétaire universel, cont. des modèles de lettres
sur toutes sortes et sujets. Paris (Garnier).   1. 20
522 **Dupin**, Manuel du droit public ecclesiastique français. Paris 1845.   2. —
523 **Duspuesnois**, Manuel de l'orateur et du lecteur. Paris 1850.   — 80
524 **Dürer**, Albr, The humiliation and exaltation of our redeemer. 32 engr.
on wood with texte ed. by J Allen. London 1856. Lwdbd.   1. —
525 **Düringer**, PhJ, Alb Lortzings Leben und Wirken. Lpzg. 1851.   — 60
526 **Durutte**, Comte C, Esthétique musicale. Technie, ou lois générales du
système harmonique. Av. des flgg. et des notes music. Lex.-8. Paris 1855.   8. —
527 **Duruy**, V, Histoire des temps modernes. 8e. éd. Paris 1878. Lwdbd.   3. 50
528 **Duval**, H, Atlas universel des sciences. Av. 50 pll qu.-Imp.-Fol.
Paris 1837. Hfrzbd.   1. 50
529 **Ebrard**, A, System der musikalischen Akustik. Erl. 1866.   1. —
530 **Echo** de la littérature Française. Journal des gens du monde. 11me.
année. Lpzg. 1843. D. toile.   2. —
531 **Eckardt**, L, Anleitung, dichterische Meisterwerke auf eine geist- und
herzbildende Weise zu lesen und sich dauernd anzueignen. Jena 1857.   — 80
532 **Eginhard**, Oeuvres, trad. en français p. A Teulet. Paris 1856 D. veau.   2. —
533 **Einonensia**. Monuments de la langue romane et de la langue tudes-
que du IXme. siècle. Publ. p. J F Willems. Lex.-8. Gand. 1845. Rare.   2. 50
534 **Énault**, Louis, Frédéric Chopin. 16. Paris 1856.   — 50
535 **Encyclopédie des gens du monde**. 22 vols. (en 44 parties). Paris
1844. (120 ℳ)   18. —
536 **Encyclopédie moderne.** Dictionnaire abrégé des sciences, des lettres,
des arts, de l'industrie, de l'agriculture et du commerce. Publ. p.
Firmin Didot Frères sous la direction de Léon Rénier. 27 vols.
Nouvelle édition. Paris 1846—51. (100 ℳ)   Die Tafeln fehlen.   10. —
537 **Erdy**, J, de Tabulis Ceratis in Transsilvania repertis. C. 6 tabb.
lithogr.   Pesthini 1856.   Text lateinisch und ungarisch.   1. 80
538 **Euripide**, Tragédies. 2 vols. Trad. p. Artaud. Paris 1842. (7 Frs.)   2. —
539 **Eynaud**, Alb, Scènes de la vie orientale. Paris 1874.   1. 50
540 **Falchi**, M, Studi su Guido Monaco. Lex.-8. Firenze 1882.   2. —
541 **Faust.** Doctor Joh Faust. Geschichte seines Lebens, sein. magischen
Bücher, sein. Vorgänger. — Chistoph Wagner, Don Juan Tenorio und
verschiedene Schwarzkünstler u. Beschwörer. — Die Sage vom Faust.
Volksbücher, Volksbühne. Puppenspiele, Höllenzwang u Zauberbücher.
— Fausthistorie in Reimen. Alles herausgegeben von J Scheible.
4 Bde. Mit vielen Abbildgn. 16 Stuttg. 1846—49. Hlwdbd. (42 ℳ)   20. —
Im Buchhandel theilweise vergriffen.
542 **Fénélon**, La Mothe, Les aventures de Télémaque Texte français et
anglais p. J Hawkesworth. 2 vols. Paris 1804. Frzbd.   1. —
543 **Ferrari**, J, Idées sur la politique de Platon et d'Aristóte. Paris 1842.   1. —
544 — — Histoire des revolutions d'Italie ou Guelf et Gibelins. 4 vols.
Paris 1858. (30 ℳ)   10. —
545 **Feuerbach**, Ludwig, Vorlesungen über das Wesen der Religion. Nebst
Zusätzen und Anmerkungen. Lpzg. 1851. Lwdbd. (8 ℳ)   3. —
546 **Fierabras** (der Roman von). Provenzalisch. Herausgegeben von Im-
manuel Bekker. 4. Berlin 1829. (7 ℳ)   3. —
547 **(Filleau de la Chaise**, Jean), Histoire de Louis IX. dit le Saint.
2 vols. Paris 1688. Frzbd.   1. 50
548 **Fischer**, MG, evangel. Choral-Melodien-Buch vierstimmig ausgesetzt.
Bd. I. Präludien, hrsg. v. AG Ritter. M. Portr. Erf. Hfrzbd. (12 ℳ)   5. —

ℳ ₰

549 **Fleury**, L'Abbé, Oeuvres. Précédées d'un essai sur sa vie et ses
ouvrages p Aimé **Martin**. Lex -8. Paris 1837. (15 Frs.)   3. 50
550 **Fliniaux**, Dictionnaire biographique des personnages les plus célèbres
nationaux et étrangers, morts et vivants. 25 ts. en 9 vols. Av. 100
portrs. gravés sur acier. 16. Paris 1842. Lwdbd.   10. —
551 **Florian**, Oeuvres complétes. 8 vols Lpzg. 1826. D. veau.   3. —
552 **Les Français** peints par eux - mêmes. Tome II. Av. beauc. de planches et de vignettes sur bois. Lex -8. Paris 1840. Hfrzbd.   3. —
553 **La France littéraire.** Morceaux choisies de littérature française, rec.
et annot. p. L Herrig et GF Burguy. Brunsv. 1874. Lwdbd. (5¼ ℳ)   1. 50
554 — — La même. Brunsv. 1876. br.   1. 20
555 — — La même. Brunsv. 1883. Lwdbd. neu.   2. 50
556 **Franck**, A, La Kabbale, ou la philosophie réligieuse des Hébreux.
Paris 1842.   Vergriffen und selten.   6. —
557 **Franckel**, Ad, der Tannhäuser. Dichtung. Weimar 1854. (8 ℳ)   2. —
                        Ausgabe auf Velinpapier.
558 **Frédéric II.**, Roi de Prusse, Oeuvres, publiées du vivant de l'auteur.
4 vols. Berlin 1789. Cart.   3. —
559 — — Oeuvres posthumes. 15 vols. Av. portr. Berl. 1788. D. veau   5. 50
560 **Fuchs**, A, über die sogenannten unregelmässigen Zeitwörter in den
romanischen Sprachen. Berlin 1840. (8 ℳ)   2. 50
561 **Fullerton**, Georgina, Ellen Middleton (trad.de l'angl.) 2 vols. Brux 1845. — 80
562 **Gagarin**, J, s J, La Russie sera-t-elle catholique? Paris 1856. 1. —
563 **Gail.** Vollständige Geisteskunde. Freie Uebersetzung der sechs Bände
von Gall's Organologie. Nürnbg. 1833. Hfrzbd.   Selten.   3. —
564 **Gaillard**, Histoire de Charlemagne. 4 vols. Paris 1782. Frzbd.   4. —
565 **Gallerie** deutscher Tondichter. 12 Photographien (Brustbilder) nach
Originalgemälden von C Jäger u. A., mit biograph. Text von E Hanslick. kl.-4. München 1879. Rother Prachtband, neu. (25 ℳ)   15. —
566 **Gallet de Kulture**, A, La sainte Russie. Paris 1857.   1. 50
567 **Garay**, Handbuch ungarisch-deutscher Gespräche. — M Kiss, Magyar
ujdon szavak tára et Dictionnaire française-hongrois. 16. Pest 1842 - 44.
Saffianbd m Goldschn, wie neu.   3. —
568 — — Dichtungen, a. d. Ungar. v. Kertbenny. 16. Pest 1854.   1. —
569 **Gasparin**, Comptesse Agenor de, Le mariage au point de vue chrétien.
3 vols. 3e. édit Paris 1853.   2. —
570 (— —) Journal d'un voyage au Lévant. 3 vols. Paris 1850.   2. —
571 **Gassner**, FS, Universal-Lexikon d. Tonkunst. 4. Stuttg. 1849. (14¼ ℳ) 4. —
572 **Gautier**, Théophile, Poésies complètes. Paris 1855.   1. 50
573 **Gay**, Mad Sophie, La duchesse de Chateauroux. 2 vols. 1834.   — 70
574 — — Histoire de Marie-Louise d'Orléans. 2 vols. 1842.   — 70
575 **Genlis**, Mad de, Madame de **Maintenon**, pour servir à l'histoire de
la duchesse De la Valliére. 2 vols. Paris 1806. Ppbd   Selten.   2. 50
576 — — Les annales de la vertu. 6 vols. Vienne 1814. Cart.   2. —
577 **Génoude**, de, Vie de Jésus-Christ d'après le texte des quatre evange-
listes. Paris 1852. D. veau.   1. 50
578 **Gentz**, Fr v., Mémoires et lettres inédits. Publ. p. G Schlesier. Stuttg.
1841. (10¼ ℳ)   4. —
579 **Gentz.** Tagebücher von Friedrich von Gentz. Mit Vor - und Nachwort v. KA Varnhagen von Ense. Lpzg. 1861. (8 ℳ)   2. —
580 **Gérard**, PL, Le comte de Valmont ou les égaremens de la raison. 6
vols. Av. figg. Paris 1801. Frzbd.   2. —
581 **Geruzez**, E, Cours de la littérature. 6e. edit. Paris 1846.   1. —
582 **Geyer**, EGust, Histoire de la Suède. Trad. p. JF de Lundblad. Lex -8.
Paris 1844. (15 Frs.)   3. 50
583 **Gibbon**, Ed, Histoire de la décadance et de la chute de l'Empire
Romain. Av. une introd p. JAC Buchon. 2 vols. Lex -8. Paris
1836. (30 Frs.)   8. —
584 **Gioberti**, Vinc, Del primato morale e civile, degli italiani. Brus-
selle 1845.   3. —
585 **Girault-Duvivier**, ChP, Grammaire des grammaires ou analyse raisonnée
des meilleurs traités sur la langue française. 2 vols. Paris 1840.   2. 50
586 **Giry**, P, La vie des saints illustrée pour chaque jour de l'année. Accomp.
de 8 chromolithographies et de 180 gravures sour bois. Lex.-8. Paris 12. —
                        Prachtband, neu.

16   Verzeichniss No. 365 der Otto'schen Buchhandlung in Erfurt.

M. ₰.

587 **Glasenapp**, CFr, Richard Wagner's Leben und Wirken. 2 Bde.
Cassel 1876. Eleg. Lwdbd. wie neu. (15 *M*)   8. —
588 **Godefroy**, Fred, Histoire de la littératu·e française. Vol. I.: Poètes
aux 16e. et 17e. siècles. Paris 1867. D. veau.   3. —
589 **Goedeke**, K, Johann Wolfgang von Goethe. Hannover 1857.   3. —
     Separat-Abdruck auf Velinpapier aus »Goedeke's Grundriss«.
589a — — Goethe und Schiller. Ebds. 1859.   1. —
590 — — Deutsche Dichtung im Mittelalter. 2. Aufl., vermehrt um Buch
XII.: Niederdeutsche Dichtung v. Herm Oesterley. Dresden 1871.
(13 *M*)   8. —
591 **Goethe**, JW v., Maximes et réflexions, trad. p. Sklower. Paris 1842. 1. 50
592 **Goethe's** vaterländ Gedanken u. polit. Glaubensbekenntnisse. Frkft. 1853. 1. —
593 — **Briefe** und Aufsätze von Goethe a. d. J. 1766—1786. Hrsg. v. A
Schöll. Weimar 1846. (4½ *M*)   Vergriffen.   2. 50
594 **Goethe** in Briefen und Gesprächen. — Schiller in Briefen und Gesprächen. 2 Thle. in 1 Bd. Berlin 1852—53. Hfrzbd. (7 *M*)   2. —
595 **Goncourt**, Edm et Jules, Histoire de la société française pendant la
révolution. Paris 1879. Lwdbd. neu.   2. 80
596 **Goodrich**, SG, Histoire des Etats-Unis d'Amérique. Philadelphia 1855.
D. veau.   2. —
597 **Goerwitz**, Herm, der Philosoph von Smolna. Roman aus dem russischen Leben. 3 Bde. M. Portr. Lpzg. 1851. Lwdbd.   1. 50
598 **Goullon**, H, Darstellung der Homöopathie. Weim. 1859. Saffianbd. m.G. 1. —
599 **Gozlan**, Léon, Washington Levert et Socrate Leblanc. 2 vols. 1838. — 70
600 — — Les Tourelles. Histoire des chateaux de France. 2 vols. 1840. 1. —
601 — — Rosemary. — Une nuit blanche. 2 vols. 1840.   — 70
602 — — Les nuits du Pére-La-Chaise. Paris 1857. D. veau.   1. 50
603 **Grädener**, CGP, System der Harmonielehre. Hambg. 1877. (4½ *M*) 2. 50
604 **Grammont**, Chevalier de, Mémoires. Prec. d'une notice sur la vie et
les ouvrages d'Hamilton p. Auger. Paris 1857. D. veau.   2. 50
605 **Grandmaison**, P, Les amours epiques, poëme heroique. Paris 1804. 1. —
606 **Granier de Cassagnac**, Histoire de origines de la langue française.
Paris (Didot) 1872.   4. —
607 **Grécourt**, Oeuvres diverses. 4 vols. Av. portr. et 3 figg. Luxem-
bourg 1767. D. veau.   6. —
608 **Griepenkerl**, WRob, Robespierre. Trauerspiel. Brschwg. 1849. —
Derselbe, Ideal und Welt. Schauspiel. Weimar 1855.   1. 20
609 **Grillparzer**, Franz, Sappho. Wien 1822. — Derselbe, des Meeres und
der Liebe Wellen. Ebds. 1840.   1. 20
610 **Grimm**, Jacob, Rede auf Schiller. Berl. 1860.   — 50
611 **Griscelli**, Agent secret, Mémoires. (Napoléon III. Cavour. Antonelli.
François II. L'Empereur d'Autriches). Brux. 1867.   1. —
612 **Gros Claude**, A, Secretaire universel. Traité complet et gradué de
correspondance à l'usage des écoles. Lpzg. (4½ *M*)   1. 50
613 **Grosse**, C, Goethe und Schwan in Töplitz 1813. Weim. 1859. Ppbd. — 50
614 **Grüner**, J, Dictionnaire de la causerie française à l'usage des allemands. IIe. (et dern). édit. Wien 1876. Lwdbd. (13 *M*)   6. —
615 **Guermante**, Claire, Le jeune marin ou l'education maternelle. 2 éd.
Av. 6 gravv. sur acier. Tours 1850. Toile, tr. d.   1. 20
616 **Guillaume de Palerne**, publié d'aprés le manuscrit par H Michelant.
Paris 1876. Toile.   8. —
617 **Guillemard**, Robert, sergent en retraite, Mémoires. Suivis de docum.
histor. de 1807—1813. 2 vols. Paris 1826.   2. —
618 **Guizot**, Franc, De la Démocratie en France. Paris 1849. 1. —
619 — — Méditations et études morales. Paris 1852.   1. 20
620 **Guttinger**, Arthur. Brux. 1837.   — 60
621 **Guynemer**, AMA, Dictionnaire d'astronomie. Av. figg. Paris 1852. 2. —
622 **Hagedorn**, Fr v., poetische Werke. 3 Bde. Reutl 1782. Ppbd. 1. —
623 **Hallam**, H, L'Europe au moyen age. 4 vols. 3e. édit. revue et augm.,
trad. p. Borghers et Dudouit. Bruxelles 1839.   4. —
624 **Hammer-Purgstall**, Jos de, Histoire de l'Empire Ottoman. Trad. sur
la IIe. édit. p. Dochez. 4 vols. Lex.-8. Paris 1844. (45 Frs.) 10. —
625 **Hanslick**, Ed, Geschichte des Concertwesens in Wien. Wien 1869.
(10 *M*)   4. —

Verzeichniss Nr. 365 der Otto'schen Buchhandlung in Erfurt. 17

ℳ ♎.

626 **Hanslick**, Ed, aus dem Concertsaal. Kritiken und Schilderungen.
Wien 1870. (10 ℳ)   4. —
627 — — Aus dem Opernleben der Gegenwart. Neue Kritiken u. Studien.
Berlin 1884. Eleg. Hfrzbd. neu. (6 ℳ)   3. 50
628 — — Suite. Aufsätze über Musik und Musiker. Wien 1884.   2. —
629 — — Dasselbe. Eleg. Lwdbd. neu. (5½ ℳ)   2. 50
630 — — Vom Musikalisch-Schönen. Ein Beitrag zur Revision der Aesthetik der Tonkunst. 7. Aufl. Lpzg. 1885. (3 ℳ)   1. 80
631 — **Laurencin**, FP Graf, Ed. Hanslick's Lehre vom Musikalisch-Schönen. Eine Abwehr. Lpzg. 1860.   1. —
632 **Hase**, Karl, Franz von Assisi. Ein Heiligenbild. Lpzg. 1856.   1. 50
633 **Hatin**, Eugène, Histoire politique et littéraire de la presse en France.
8 vols. Paris (Didot) 1859—61.   20. —
634 **Hauptmann's**, Moritz, Briefe an Ludwig Spohr und Andere. Hrsg.
von Ferd Hiller. Lpzg. 1876. (5 ℳ)   3. —
635 **Hausschatz**, neuer, für Freunde der Künste u. Wissenschaften. Gesamm. v. HJ Landau. 4 Thle. in 1 Bd. Hambg. 1859. Lwdbd. m.
G. (9 ℳ)   2 —
636 **Hegel**, GWF, Vorlesungen über die Philosophie d. Geschichte. Hrsg.
v. E Gans. 2. Aufl. Berl. 1840. *Etwas wasserfleckig.*   1. 80
637 — — Cours d'esthetique, trad. p. Ch Bénard. 4 vols. Paris 1840—51.
(30 Frs.)   4. 50
638 **Heine**, Henri, Poëmes et légendes. Paris 1855.   1. 20
639 **Henry IV.**, Correspondance inédite avec Maurice-le-Savant, Landgrave
de Hesse, ed. p. C de Rommel. Hamburg 1840. (10 ℳ)   4. —
640 **Henri IV.** Son journal militaire dépuis son départ de la Navarre,
publ. p. de Valori. Av. dessins et facsim.   4. 20
641 **Henry IV.**, Lettres inédites d'Henri IV. et de plusieurs personnages
célèbres. Paris 1802. Ppbd m. T.   2. —
642 **Henrion**, RA, Annuaire biographique. 2 vols. Paris 1834. Lwdbd.   1. 50
643 **Henry** et Apffel, Histoire de la littérature allemande. Paris 1836.   1. 20
644 **Héroard**, Journal sur les règnes de Henri et de Louis XIII, publié
par E Soulie et Ed de Barthelemy. 2 vols. Paris.   8. 50
645 **Hillebrand**, K, Dino Compagni. Etude histor. et littéraire sur
l'époque de Dante. Paris 1862.   2. —
646 **Hiller**, Ferd, Felix Mendelssohn-Bartholdy. Briefe und Erinnerungen. Köln 1874. (4 ℳ)   2. 50
647 — — Musikalisches und Persönliches. Lpzg. 1876. (5 ℳ)   2. 80
648 — — Künstlerleben. Köln 1880. (6 ℳ)   3. 80
649 **Hinrichs**, HFW, die Könige. Entwickelung des Königthums von d.
ältest Zeiten bis auf die Gegenwart. Lpzg. 1852. (7 ℳ)   3. —
650 **Hirsch**, R, Balladen u. Romanzen. 2 Bde. 3. Aufl. 16. Wien 1858. Ppbd.   1. 20
651 **Hoffmann**, ETA, Oeuvres, trad. p. Loève-Veimars. 2 vols. Paris 1843.
(7 Frs.)   3. —
652 **Hoffmann von Fallersleben**, AH, In dulci jubilo. Beitrag zur Geschichte der deutschen Poesie. Hannover 1854.   1. 20
653 — — Geschichte des deutschen Kirchenliedes und Kirchengesanges bis
auf Luthers Zeit. 3. (neueste) Aufl. Hann 1861. (8 ℳ)   3. 50
654 **Hofmeister**, Ad, Verzeichniss sämmtl. in d. J. 1860—69 erschienenen
Musikalien. 10 Bde. Lpzg. 1861—70. cart. u. br. (21½ ℳ)   3. 50
655 **Homère**, Iliade, trad. acc. de notes et comment p. E Bareste, illustrée p. A Titeux et A de Lemud. Lex.-8. Paris 1843. Hfrzbd.   5. —
656 — — Odyssée, trad. acc. de notes et comment. p. E Bareste, illustrée p. Th Devilly et A Titeux. Lex.-8. Paris 1842.   4. 50
Beide Werke reich illustrirt durch Tafeln, Textbilder u. Vignetten.
657 **La Hongrie** ancienne et moderne. Histoire, arts, littérature, monuments. Par une société de littérateurs sous la direction de J Bol-
denyi. Av. 30 planches à part et beauc. de gravures sur bois dans
le texte. Lex.-8. Paris 1851. (16 Frs.)   7. 50
658 **Horatii**, QFl, opera c. comm. J Bond. 16. Paris 1855. Neu.   6. —
*Eine reizende, mit vielen Photographien, Vignetten u. Karten geschmückte Ausgabe;
vergriffen.*
659 **Hornung**, D, die neuesten Manifestationen aus der Geisterwelt. Mit
lithogr. Tafeln. Berlin 1859. Hlwdbd.   2. —
660 **Hornyanski**, V, Geschichte von Ungarn f. d. Jugend. Pest 1852.   1. —

18   Verzeichniss No. 365 der Otto'schen Buchhandlung in Erfurt.

ℳ. ₰

661 **Houssaye**, Arsène, Le chien perdu et la femme fusillée. 2 vols. Av.
2 gravv. gr. in 8. Paris 1872. (12 *ℳ*)   3. —
662 — — Les larmes de Jeanne. Paris 1878.   1. 50
663 **Hub**, J, Deutschlands Balladen- u. Romanzendichter. Abth. I. Von
GA Bürger bis L Uhland. 3. Aufl. Lex -8. Karlsr. 1853   2. —
664 **Hugo**, Victor, Les chants du crépuscule. 16. Brux. 1836. Hfrzbd.   1. —
665 **Hume**, Dav, Histoire d'Angleterre. Trad. de l'Angl. 18 vols. Amst.
1769. Gleichmässige Franzbände.   8. —
        Das Haus Plantagenet 6 Bde.   Das Haus Tudor 6 Bde.   Das Haus Stuart 6 Bde.
666 **Hunt**, Leigh, Stories from the italian poets. Paris 1846.   1. —
667 **Ideler**, L u. H Nolte, Handbuch der französischen Sprache u. Literatur. 4 Bde. Berl. 1855. 1837. 1854. 1835. Lwdbd., wie neu. (18 *ℳ*)   3. 50
668 **Irving**, W, Tales of a traveller. 2 vols. Paris 1829.   1. —
669 — — The sketch book. 2 vols. Paris 1831. Hfrzbd.   1. —
670 — — The Alhambra. 2 vols. Paris 1832.   1. —
671 **Iseander**, A, Du développement des idées revolutionaires en Russie.
Paris 1851.   1. —
672 **Jacobs**, L'océanie nouvelle, Colonies-migrations-mélanges   Paris 1861.   1. 50
673 **Jahrbuch** des Erz- und Riesengebirges. Hrsg. v. K v. Weyrother u.
S Neumann 2 Bde. Prag 1857—58 Lwdbd. m. G. Nicht im Buchhandel.   2. —
674 **Jahrbuch, Weimarisches**, für deutsche Sprache, Literatur und Kunst.
Hrsg. v. AH Hoffmann von Fallersleben u. O Schade. 6 Bde
Hann. 1854—57. (42 *ℳ*)   Im Buchhandel vergriffen.   22. —
675 **Jahrbücher** für musikalische Wissenschaft Hrsg. v. Fr Chrysander.
Bd. II. Lex.-8. Lpzg. 1867. Eleg. Hfrzbd   (8½ *ℳ*)   4. —
676 **James**, GPR, Henry of Guise. Lex.8. London 1845. Sarst.   2. 50
677 **Janin**, J, Le voyage d'un homme heureux. Brux 1844.   — 60
678 **Janin**, Jules, Un hiver a Paris. Av. 18 magnif gravv. sur acier et
beauc. de vignettes sur bois. Lex.-8. Paris 1843. Prachtsaffianband
mit Goldschnitt, wie neu.   10. —
679 **Jean Paul** (Fréd Richter), Titan, trad. p. Phil Chasles. 4 vols. 16.
Brux. 1834. Hfrzbd.   1. 50
680 **Joannes Chrysostomus** heilige u. göttl. Liturgie. St. Petersbg. 1845.   — 80
681 **Joel**, M u. P Fuchs, Russische Grammatik. Mit Schlüssel. 5. Aufl.
Frkfrt. 1875. (7¼ *ℳ*)   3. —
682 **Johannes-Album**. Dichtung u. Prosa in Originalbeiträgen, hrsg. v. Fr
Müller. Chemnitz 1857. Ppbd. (7 *ℳ*)   2. —
683 **Joly**, Guy, Mémoires, suivis d'un mémoire concernant le Cardinal de
Retz. 2 vols. Genève 1779. Hfrzbd.   2. —
684 **Josephus**, Flavius, Oeuvres complètes. Avec une notice biographique
p. JAC Buchon. Lex.-8. Paris 1838. (15 Frs.)   3. 50
685 **Joubert's**, Jos, Gedanken, Versuche u. Maxime, übersetzt von Franz
Graf Pocci. München 1851. Hlwdbd. (4½ *ℳ*)   1. 50
686 **Jourdain**, Mémoires historiques et militaires sur des événements de la
Grèce. 2 vols. Av. pll. Paris 1828. (15 Frs.)   2. —
687 **Journal asiatique.** Janvier 1846 jusqu'à Octobre 1847. Paris.   3. —
688 **Jung**, La France et Rome. Etude historique XVIIe. XVIIIe. et XIXe.
siècles. Paris 1874.   1. 50
689 **Kastner**, G, Elementar-Pianoforte-Schule. Lpzg. (6 *ℳ*)   3. —
690 **Katechismus** der orthodox kathol. oriental. Kirche. St. Petersbg. 1840.   1. 50
691 **Keller**, FAE, Abrégé pittoresque et mnémonique de l'histoire universel,
siècle par siècle. 44 pll. av. texte. qu-Roy.-Fol. Paris 1837.   2. —
692 **Kératry**, Saphira, ou Paris et Rome sous l'empire. 3 vols. Paris 1835.
Hfrzbd.   1. 50
693 — — Le même. 2 vols. Brux. 1835. Hlwdbd.   1. —
694 **Kertbeny**, KA, Bibliographie der ungarischen Literatur. Bd. I. (einziger) Ungarn betreffende deutsche Erstlingsdrucke. 1454—1600. Budapest 1880. (10 *ℳ*)   4. —
695 **Kind**, Fr, der Freischütz. Volksoper. Mit Briefen v. CM v. Weber
u. anderen Beilagen. Lpzg. 1843.   1. 50
696 **Knorr**, Jul, musikal. Chrestomathie. Lpzg. (5 *ℳ*)   1. 50
697 — — Klassische Unterrichtsstücke für Anfänger. Heft 2, 3 u. 4.   1. 50
698 — — Wegweiser f. d. Clavierschüler im ersten Stadium. Lpzg. (7½ *ℳ*)   3. —
699 **Koch**, EE, Geschichte des Kirchenlieds u. Kirchengesangs. 8 Bde. u.
Register. 3. (neueste) Aufl. Stuttg. 1866—77. (38 *ℳ*)   25. —

Verzeichniss No. 36 der Otto'schen Buchhandlung in Erfurt. 19

ℳ ₰.

700 **Kocher**, C, Harmonik Die Kunst des Tonsatzes aus d. Grundelementen theoret. entwickelt u. prakt. dargest. 4. Stuttg. 1864. (10½ ℳ)   2. —
701 **Köchly**, Herm, akademische Vorträge u. Reden. Zür. 1859. Lwdbd.   3. —
702 — — u W Rüstow, Einleitung zu C Julius Caesar's Commentarien über den gallischen Krieg. Gotha 1857.   1. —
703 **Kock**, Henry de, Mademoiselle Croquemitaine. 2 vols. 16. Paris 1872.   — 80
     Kock, Paul de, Romans. Bruxelles.
704 — Le Cocu. 4 vols 1832.   1. 20
705 — Georgette. 3 vols. 1834.   — 80
706 — Ni jamais ni toujours. 2 vols. 1835.   — 60
707 — Gustave, ou le mauvais sujet. 3 vols. 1837.   — 80
708 — M Dupont, ou la jeune fille et sa bonne. 3 vols. 1838.   — 80
709 — Moustache. 5 vols. 1838.   1. 20
710 — Un diamant a dix facettes. 2 vols. 1839.   — 60
711 — L'amoureux Transi. 4 vols. 1843.   1. —
712 **Kock**, Paul de et autre auteurs, La grande ville. Nouveau tableaux de Paris. Comique, critique et philosophique. Illustrations de Gavarni, Victor Adam et A. 2 vols. Lex.-8. Paris 1843. Hfrzbd.   6. —
713 **Köhler**, L, die Melodie der Sprache. Lpzg. 1853.   1. —
714 — — Die neue Richtung in der Musik. Ebds. 1864.   — 70
715 **Le Koran**. Trad. av. notes et comment. p. Kasimirski. Paris 1845.   1. 20
716 **Korn**, Ph, Ungarn's Recht u. Gesetz, ruhmvoll verfochten i. d. Kriegsjahren 1848—1849. Abth. 1. (einzige). Bremen 1855.   2. —
717 **Kreissle von Hellborn**, H, Franz Schubert. Mit Portr. Wien 1865. (10 ℳ)   6. —
718 **Der Krieg** gegen Russland i. J. 1854. Cassel 1854.   1. —
719 **Kronperger**, A, reine Grundlehre d ungarischen Sprache. Wien 1841. Lwdbd.   2. —
720 **Kummer**, FA, Violoncell-Schule op. 60. Lpzg. (10¼ ℳ)   4. —
721 **La Bruyère**, Oeuvres. Paris 1820. Cart.   1. 20
722 **Lackowitz**, W, musikalische Skizzenblätter. Biographische Essays. Mit 23 Illustrationen. Lpzg. 1876. (4 ℳ)   1. 50
723 **Lafolie**, MCh, Mémoires histor. relat. a la fonte et a l'élévation de la statue équestre de Henri IV. Av. pll. Paris 1819.   2. —
724 **La Fontaine** Fables. Notices p. M Poujoulat. Av. 50 gravures et un portrait a l'eau-fort p V Foulquier. Lex.-8. Tours 1875. Halbchagrinleder-Prachtband mit Goldschnitt. (45 ℳ)   28. —
     Schönes Exemplar dieser herrlichen Ausgabe.
725 **La Harpe**, JF, Lycée ou cours de littérature ancienne et moderne. Vol. 1—4, 6, 8, 10, 14 et 15. Paris 1829.   4. —
     Cont. la littérature ancienne, siècle de Louis XIV. poésie, et 18e. siècle.
726 **Neues Brevier.** Aus deutschen Dichtern. Hrsg. v. W Wolfsohn. 16. Dessau 1851. Eleg. Lwdbd. m. G. (4½ ℳ)   1. 50
727 **La Mara**, musikalische Studienköpfe. 3 Bde. 4. Aufl. Lpzg. 1877. Eleg. Lwdbd. wie neu. (13 ℳ)   7. 80
728 **Lamartine**, Alph de, Histoire de la révolution de 1848. 2 vols. 1849.   1. 50
729 — — Mes confidences. Fior d'Aliza. gr. en 8. Paris 1863.   3. —
730 — — Méditations et nouv. méditations poëtiques. La mort de Socrate. 2 vols. Paris 1856. D. veau. (7 ℳ)   3. 50
731 — — Geschichte der Restauration 8 Bde. 16. Cassel 1852. (16 ℳ)   3. —
732 **Lamennais**, de la société première et de ses lois. Paris 1848.   1. 20
733 **Lampadius**, WA, Felix Mendelssohn-Bartholdy. Lpzg. 1848.   1. —
734 **Lange's** le Haut Rhin, depuis les Alpes jusqu' à Mayence. Collection de 147 vues pittorsques, gravée sur acier et accomp. d'un texte histor. et descript. Lex.-8. London 1861. (48 ℳ)   7. 50
     Schönes Stahlstichwerk; vergriffen.
725 **Laprade**, Victor de, Psyché. Paris 1841.   1. —
726 **La Rochejaquelin**, Mad. la Marquise de, mémoires, écrits par elle-même. Paris 1825. Ppbd. m. T.   2. —
727 **Lasaulx**, E v, die prophetische Kraft der menschlichen Seele in Dichtern und Denkern. 4. Münch. 1858. Vergriffen und selten.   2. —
738 **Latouche**, H de, Grangeneuve 2 vols. 1835. D. veau.   1. —
739 **Laudate**. Kathol. Andachtsbuch f. d. Bisthum Augsburg. Prachtausgabe. Augsbg. 1859. Halbsaffianband.   1. —

20 Verzeichniss No. 365 der Otto'schen Buchhandlung in Erfurt.

M. d.

740 **Laurencin,** TP Graf, Rob Schumann's Paradies u. d. Peri erläut. 1859. — 80
741 **Lavallée,** Théoph, Histoire des Français. Vol. XIVe. et dern. 1789 –
1830. Paris 1841. 1. 50
742 **Lavergne,** Al de, L'heritage de mon oncle. 1841. — 60
743 — — La Circassienne, hist. du temps de la régence. 2 vols. — 80
744 — — Il faut que jeunesse se passe. 3 vols. 1852. 1. —
745 — — Le cadet de famille 3 vols. 1857. 1. —
746 **Layard,** AH, Niniveh und Babylon. Uebersetzt von JTh Zenker.
M. vielen Illustrationen und 2 Karten. Lpzg 1850. (18 *M.*) 5. —
747 — — Niniveh und seine Ueberreste. Deutsch v. NNW Meissner.
Mit 94 Illustrationen, 6 Plänen u. 1 Karte. Ebds. 1849. (9 *M.*) 3. —
748 **Le Clerc,** Jean, Bibliothèque choisie. 28 vols. 16. Amsterd. 1713. Veau. 14. 50
749 **Lefeuve,** Les anciens maisons de Paris sous Napoléon III. 5 vols
Paris 1873. (40 *M.*) 16. —
750 **Legeay,** F, Recherches historiques sur Vaat et Lavernat, sur
Aubigné et Vernel. (Maine) 2 vols. Paris 1857. 3. 50
751 **Legeay,** U, Histoire de Louis XI. 2 vols. Paris 1874. Toile, nouveau. 9. —
752 **Légende céleste.** Nouvelle histoire de la vie des Saints. Avec la vie
de nôtre Seigneur Jésus-Christ, celle de la Sainte Vierge et le précis
historique des fêtes de l'année. 4 vols. 4 vols. Av. 32 planches et
plus. vignettes et initiales en or et en couleurs. Lex-8. Paris s. d.
Saffianbände mit Goldschnitt. 20. —
753 **Leibniz,** GW, Oeuvres, ed. p. A Jacques. IIe. série. Paris 1842. 1. 20
754 **Lelewel,** Joachim, Histoire de la Pologne. 2 vols. Av. portr. et atlas
de 16 pll. qu.-Fol. Paris 1844. (20 Frs.) 5. —
755 — — Geographie du moyen age. 4 vols. av. pll. Bresl. 1852. 12. —
Der Separat-Atlas und l'épiloque fehlen.
756 — — Analyse des trois constitutions polonaises de 1791, 1807, 1815.
Arras 1833. 1. —
757 **Lemaire,** H, Histoire de France depuis la mort de Louis XVI jusqu'
au Ier. aout 1821. 3 vols. Paris 1821. 3. —
758 **Leo,** H et Botta, Histoire de l'Italie. Trad. et augm. de notes p.
Dochez. 3 vols. Lex.-8. Paris 1844. (45 Frs.) 8. —
759 **Le Pays,** Nouvelles oeuvres. 2 vols. Amsterdam 1705. Veau. 1. —
760 **Le Sage,** (Comte Las Cases), Atlas historique, généalogique, chronologique, géographique. 42 pll. Imp.-Fol. Paris s. d. Hfrzbd. (140 Frs.) 6. —
761 **Lessing,** GE, sämmtl. Schriften. Hrsg. v. K Lachmann. Bd. V.
(Kleine Schriften –) Berl. 1838. 1. —
762 — — Dieselben. Bd. XII. (414 Briefe Lessing's enth.) Ebds. 1840. 1. —
763 **Lessmann,** O, Franz Liszt. Eine Charakterstudie. Berl. 1881. — 80
764 **Le Sueur.** La vie de Saint Bruno, ou collection des 22 tableaux peintes par Le Sueur pour le cloitre des Chartreux, exécutée
en dessins lithographpiés. Avec un frontispice et d'un texte, publiée
par Prosper Laurent. Imp. Folio. Paris 1822. Lwdbd. (50 *M.*) 20. —
765 **Lettres** édifiantes et curienses concern. l'Asie, l'Afrique et l'Amérique,
avec quelques rélations nouvelles des missions, et de notes géographi-
ques et historiques. Publ. sous la direction de L Aimé-Martin.
Vol. III. et IV: Chine-Indo, Chine et Océanie. Lex.-8. Paris 1843.
(30 Frs.) 7. —
766 **Lettres** historiques sur l'état de la France en 1805 et 1806. Londres
1806. Hfrzbd. 1. 50
767 **Lettres** et instructions de Louis XVIII. au comte de Saint Priest,
précéd. d'une notice p. de Barante. Paris 1845. 2. —
768 **Lettres** et pièces rares ou inédites, publ. et accomp. d'instruct. et de
notes p. Matter. Paris 1846. 3. —
769 **Leveneur de Tillières** (Ambassadeur en Angleterre), Mémoires sur la
cours de Charles I. et son mariage avec Henriette de France.
Publ. par Hippeau. Paris. 2. —
770 **Levi,** D, Esquisses littéraires. Paris. 1. —
771 **Lewes,** GH, Naturstudien am Seestrand. Uebersetzt v. Jul Frese.
Berlin 1859. 3. —
772 **Lezaud,** PL, Platon. — Aristoteles. Exposé substantiel de leur doctrine morale et politique. IV. éd. Paris 1851. 1. 50
773 **Lichtenthal,** P, Mozart e le sue creazioni. Milano 1842. 1. —

Verzeichniss No. 365 der Otto'schen Buchhandlung in Erfurt. 21

22   Verzeichniss No. 365 der Otto'schen Buchhandlung in Erfurt.

ℳ ℨ

813 **Marx**, AB, Gluck und die Oper. 2 Bde. Mit Porträt, Autogr. und
   Musikbeill. Berl. 1863. Eleg. Hfrzbd. wie neu. (18 ℳ)   7. 50
814 **Masson**, Michel (Aug. Mich. Ben. Gaudichot), Le lampe de fer. 2 vols.
   Brux. 1835. D. toile.   1. —
815 — — Eugène-Auguste. 1838. D. toile.   — 50
816 — — Albertine. 2 vols. 1838.   — 70
817 — — Un amour perdu. 2 vols. 1842. Cart.   — 70
818 — — Vierge et Martyre. Brux. 1846. Hfrzbd.   1. —
819 — — Les incendiaires. 3 vols. 1847.   1. —
820 — — Diane et Sabine. 2 vols. 1850.   — 70
821 — — et JBP Lafitte, les trois Marie. 2 vols. 1840.   — 70
822 **Matter**, J, Histoire de l'école d'Alexandrine. Ouvrage couronné. 2
   vols. 2e. édit. Paris 1840—44. (15 Frs.)   7. —
823 — — Histoire critique du gnosticisme et de son influence sur les
   sectes réligieuses et philos. 8 vols. 2e. édit. Paris 1843—44. (22½ Frs.) 11. —
              Beide wichtige Werke fehlen längst im Buchhandel.
824 **Maynard** de Queilhe, L de, Outre-mer. 2 vols. 1837. D. toile.   — 80
825 **Mayrberger**, K, Lehrbuch d musikal. Harmonik. Bd. I. (einziger).
   Die diatonische Harmonik in Dur. Pressbg. 1878. (6 ℳ)   3. —
826 **Mazois**, F, Le palais de Scaurus ou description d'une maison romaine
   Av. 12 pl. Ed III. me. (et dern) Paris 1859.   4. —
827 **Meinardus**, Ludwig, ein Jugendleben. 2 Bde. Gotha 1874. Eleg.
   Lwdbd. neu. (17½ ℳ)   7. —
828 — — Mozart. Ein Künstlerleben. Mit 2 Stahlstich-Porträts. Berlin
   1883. Eleg. Lwdbd. neu. (9 ℳ)   6. —
829 **Mémoires** de Lucien Bonaparte, Prince de Canino. Ecrits par
   luimême. 2 vols. Paris 1837. Ppbd. m. T.   1. —
830 **Mémoires** de M le Duc de Choiseul. Chanteloup 1790. Ppbd.   1. —
831 **Mémoires** de Jean Sire de Joinville, ou histoire et chronique du
   roi Saint Louis Publ. p. Michel. Paris 1867. (4½ ℳ)   2. —
832 **Mémoires** historiques et philos. sur Pie VI. et son pontificat jusqu'à
   sa mort. 2 vols. Av. portr. Paris 1800. Ppbd.   2. 50
833 **Mémoires** concern. le Comte de Steenbock. Frkft. 1743.   1. —
834 **Mendelssohn - Bartholdy**, Felix, Briefe. 3. Aufl. Ausgabe in 1 Bde.
   Lpzg. 1874. Eleg. Lwdbd. neu.   5. —
835 — — Acht Briefe und ein Facsimile. Lpzg. 1871.   1. —
836 **Mercey**, Fred, Le Tyrol et le Nord de l'Italie. Esquisses des moeurs,
   anecdotes, paysages, chant popul etc. 2 vols. Par. 1833. Cart   2. 50
837 **Mercier**, LS, De l'impossibilité du système astronomique de Copernic
   et de Newton. Paris 1806.   1. 20
838 **Mercier de Lacombe**, Chs, Henry IV. et sa politique. Paris 1861.
   Hfrzbd.   4. 50
839 **Merlin**, Comtesse, Souvenirs d'une Créole Mémoires. 3 vols. 1837. 1. —
840 **Mezeray**, Franz E de, Histoire de la mère et du fils, ou de Marie
   de Medicis et de Louis XIII. 2 vols. Amsterd. 1739. Hprgtbd.   3. —
841 **(Michaud)**, Le maudit par l'abbé ***. 3 vols. gr. in 8. Paris 1864.
   (16 ℳ)   3. —
842 — — Les mystiques. gr. in 8. Paris 1869.   1. —
843 **Michelet**, Origines du droit français, cherchées dans les symboles du
   droit universel. Paris 2837.   4. —
844 **Michelet**, Jules, Histoire romaine. 2 vols. Brux. 1836.   1. 20
845 — — Bible de l'humanité Paris 1864. Cart.   2. —
846 — — L'oiseau. Paris 1867.   1. 20
847 **Michiels**, Alfr, Les peintres Brugeois. Brux 1846.   1. 20
848 **Mickiewicz**, Adam, Les Slaves. Vol. I, IV. et V. et dern. Paris 1849. 4. 50
       Cont.: Les pays slaves et la Pologne. Histoire et littérature. — L'eglise officielle
       et la Messianisme. Philosophie et religion. L'eglise et le Messie.
                          Vergriffen und selten.
849 **Mignet**, FA, Histoire de la révolution française Odessa 1866.   — 60
850 **Miloch Obrénovitsch**, Prince Michel, Miloch Obrénovitsch, ou coup
   d'oeil sur l'histoire de la Serbie. Paris 1850.   1. 20
851 **Milton**, J, Le paradies perdu, texte en anglais et traduction nouv. p.
   de Chateaubriand. 2 vols. Paris 1836. Hfrzbd.   1. 80
852 — — Le même. Trad. de l'angl. avec des rémarques de M Addison.
   3 vols. Paris 1782. Frzbd.   1. 50

Verzeichniss No. 365 der Otto'schen Buchhandlung in Erfurt. **23**

$\mathcal{M}\ \delta.$

853 **Miracles de Nostre-Dame,** par personnages, publ. d'après le manuscrit
p. Paris et U Robert. 4 vols. Paris 1876—81. Toile. nouveau. 32. —

854 **Moehler,** JA, Athanase la Grand et l'église de son temps en lutte
avec l'Arianisme. Trad. p. J Cohen 3 vols. Paris 1840. (20 Frs) 4. —

855 **Moleschott,** Jac, der Kreislauf des Lebens. 3. Aufl. Mainz 1857. 1. —

856 **Molière,** J, Poquelin, Oeuvres. 2 vols. Avec figures. La Haye 1725.
Veau. Ein Bogen wasserfleckig. 3. —

857 — — Oeuvres. 2 vols. Av. portr Paris. 4. —

858 — — Les mêmes, avec des modes extraites de tous les commentaires
ed. p. Léfèbre. 4 vols. gr. in 8 Paris 1872. Meilleure edition. 9. —

859 — Génin. H, Lexique comparé de la langue de Molière et des écri-
vants du XVII. siècle. Paris 1846. Ouvrage couronné. 6. —

860 — **Lotheissen,** Ferd, Molière. Sein Leben und seine Werke. Mit
Portrait. Frankfurt 1880. Leinwandband. (10 $\mathcal{M}$) 7. —

861 **Monseignat,** Ch de, Un chapitre de la révolution française, ou histoire
des journaux en France de 1789—1799. Paris 1853. Vergriffen. 1. 50

862 **Montemont,** Alb, Lettres sur l'astronomie. IIIme. éd. 2 vols. Paris
Hfrzbd. 3. —

863 **Montlosier,** Comte de, Mémoire à consulter sur un système reli-
gieux et polit., tendant a renverser la réligion, la société et le trone.
Paris 1826. 2. —

864 **Monuments,** les plus anciens, de la langue française (IX. et X. siècle),
publiés avec un commentaire philologique, par Gaston Paris. Folio.
Paris. Cart. 24. —

865 **Monuments** des anciens idiomes gaulois. Texte-lingistique, par H
Monin. Paris. 3. 50

866 **Moore,** Thom, Les amours des anges et les mélodies irlandaises, trad.
p. Mme. Louise Sw-Belloc. Paris 1823. Hfrzbd. 1. —

867 — — Travels of an irish gentleman in search of a religion. Paris
1835. Ppbd. 1. —

868 **Moralistes français.** (Pascal; La Rochefoucauld; La Bruyère; Vau-
venarges; Duclos.) Av. le portr. de Pascal. Lex.-8. Paris 1838. (12 Frs.) 3. 50

869 **Moralistes.** Nouvelle collection des moralistes anciens, publ sous la
direction de Lefèvre. 13 div. vols. Paris 1850. 10. —

870 **Les Moralistes anglais,** rec. p. A Esquiors Lpzg. 1. 20

871 **Moralistes grecs.** Paris 1845. 1. 20

872 **Les Moralistes italiens,** rec. p. A Morel. Lpzg. 1. 20

873 **Les Moralistes orientaux,** rec. p A Morel. Lpzg. 1. 20

874 **Morel-Fatio,** Alfr, L'Espagne au 16. et au 17. siècle. Documents
historiques et littéraires Heilbr. 1878. (20 $\mathcal{M}$) 8. —

875 **Aus Mocheles Leben.** Nach Briefen und Tagebüchern, herausgegeben
von seiner Frau. 2 Bde. Lpzg. 1873. (12 $\mathcal{M}$) 7. 50

876 **Mosen,** Jul u. Ad Stahr, über Goethe's Faust. Oldenbg. 1845. 1. 50

877 (**Mulières,** Fapst), Biographie conventionelle, ou tableau moral et raisonné de 749 députés qui comp. l'assamblée 21 Sept. 1796—26. Oct.
1795. Paris 1815. Lwdbd. 1. 50

878 **Müller,** Adalb, allgem. Matyrologium od. vollst. Heiligenkalender der
katholischen Kirche. 4. Regensburg 1860. Hlwdbd. 4. 50

879 **Musiker-Briefe.** Briefe v. Orlando Lasso, Gluck, PhE Bach, Haydn,
Weber, Mendelssohn-Bartholdy, Cherubini, Berlioz u A. Hrsg. von
Ldwg Nohl. 2. (neueste) Aufl. Lpzg. 1873. Eleg. Lwdbd. neu. (10 $\mathcal{M}$) 3. —

880 **Musset,** Paul de, L'esprit mal fait. 1841. Cart. — 70

881 — — Livia. 1853. — 50

882 **Les mystères** du grand monde. 3 vols. Grimma 1844. D. toile. 1. 20

883 **Nägeli,** HG, Vorlesungen über Musik mit Berücksichtigung der Di-
lettanten. Stuttg. 1826. (5 $\mathcal{M}$) 1. 20

884 **Napoléon I. et Joséphine.** Lettres authentiques de Napoléon et de
Joséphine. 2 vols. Av. Facsim. Paris. 7. —

885 **Napoléon I et Louis.** Correspond. de Napoléon et son frère Louis,
Roi de Hollande publ p Rocquain. Paris 6. 50

886 **Nationallieder** der Magyaren, übersetzt v. Vasfi u. Benkö. 16. Brschwg.
1852. (6 $\mathcal{M}$) 2. —

887 **Nationalgesänge** der Magyaren, übersetzt v. A Buchheim u. O Falke.
2 Thle. Kassel 1850. Hlwdbd. Beides im Handel vergriffen. 1. 50

24 Verzeichniss No. 3ι5 der Otto'schen Buchhandlung in Erfurt.

M. ₰

888 **Nehrlich**, GC, der Kunstgesang, physiologisch, psychologisch, päda-
gogisch u. aesthetisch dargestellt. Eine Gesangschule für gebildete
Stände. 2 Thle. 2. Aufl. Fol. Stuttgart 1859. (18 *M*)   5. —
889 **Der Nibelungenlied**, Uebertragen v. H Döring. 16 Erf. 1840.   1. —
890 **Niboyet**, Paulin, Elim, histoire d'un poëte russe. Paris 1842.   1. 20
891 **Nisard**, D, Histoire de la littérature française. 4 vols. IVe. edition.
Paris 1867.   8. —
892 — — La même. 4 vols. D. toile.   10. —
893 — — La même. 4 vols. Ve. édition. Paris 1874.   12. —
894 **Nisard**, Theod, Vie de Charlemagne. Paris 1843.   2. —
895 **Noailles**, Anne Panl-Dominique de, Marquise de Montagu. Paris 1869.   1. 20
896 **Noel**, Fr, Dictionnaire de la fable, ou mythologie univers. 2 vols.
Paris 1801. Cart.   1. —
897 — — Le même. 2 vols. 4e. édit. Paris 1823.   3. —
898 **Nohl**, Ldwg, Beethoven's Leben. 3 Thle. in 4 Bdn. Lpzg. 1867 —
1877. Lwdbd. (34 *M*)   16. —
899 — — Gluck und Wagner. Ueber die Entwickelung des Musik-
dramas. München 1870. Eleg. Lwdbd. neu.   3. —
900 — — Die Beethoven-Feier und die Kunst der Gegenwart. Ein
Erinnerungsblatt. M. Portr. Wien 1871. (4 *M*)   1. 20
901 — — Beethoven, Liszt, Wagner. Ein Bild der Kunstbewegung
unseres Jahrhunderts. M. Portr. Ebds. 1874. (6 *M*)   2. 70
902 — — Mozarts Leben. M. Porträts und Musikbeilagen. 2. (neueste)
Aufl. Lpzg. 1877. Eleg. Lwdbd. neu. (7½ *M*)   3. —
903 — — Mozart nach den Schilderungen seiner Zeitgenossen. Mit
Portrait. Lpzg. 1880. (6 *M*)   3. —
904 — — Das moderne Musikdrama. Wien 1884. (6 *M*)   2. —
905 — — Dasselbe. Eleg. Lwdbd. neu. (6¾ *M*)   2. 50
906 **Noirlieu**, M de, Exposition et défense des dogmes principaux du christianisme. Paris 1853.   1. 20
907 **Les milles et Une Nuits.** Contes arabes, trad. p. Galland. Edition
illustrée, pet. in Fol. Paris 1850.   1. 20
908 **Norvins**, de, Histoire de Napoléon. 4 vols. Lpzg. 1828. Cart   1. 50
909 **Odolant-Desnos**, Mythologie pittoresque, ou hist. des faux dieux de
tous les peuples anciens et modernes. Av. beauc de planches. Lex.-8.
Paris 1836. Hfrzbd.   4. 50
910 **Oersted's**, HChr, naturwissenschaftl. Schriften. 4 Bde. 16. Cassel 1854.   1. 20
911 — — Der Geist in der Natur. 2 Bde. Münch. 1850 – 51. (7 *M*)   1. 20
912 **Office** de la quinzaine de paques. Latin et français. Paris 1825.
Saffianbd m. Goldschn.   1. 20
913 **Oldekop**, A v., russische Grammatik f. Deutsche. St. Petersb. 1843.   1. 20
914 **Ollendoiff's**, HG, neue Methode, in 6 Monaten französisch lesen, schreiben u. sprechen zu lernen, bearb. v P Gands Frankft. 1857. Cart.   1. —
915 — — Dasselbe. 22. Aufl. Ebds. 1878. Hlwdbd.   1. 80
916 — — Cours complet de langue allemande p. G Traut. 2 vols. Frkft.
1874. Toile. (9 *M*)   4. —
917 **Orléans**, Philippe d', Histoire des révolutions d'Angleterre. 6 vols.
Paris 1795. Hfrzbd.   5. —
918 **Ossian**, en vers fr. p. Baour Lormian. Av. gravv. 16. Paris.   — 80
919 **Paganel**, C, Histoire de Joseph II., Empereur d'Allemagne. Paris 1843.   2. 50
920 **Paget**, J, Ungarn u. Siebenbürgen. A. d. Englischen v. EA Moriarty.
2 Bde. Lpzg. 1842. Hfrzbd.   Vergriffen.   2. —
921 **Palleske**, E, über Griepenkerl's „Robespierre". Brschwg. 1850.   1. —
922 **Pannonia.** Blumenlese auf dem Felde der neuesten ungarischen Lyrik,
metrisch übertr. v. G Steinacker. Abth. I. (einz.) Lpzg. 1840. Saffianbd.   1. —
923 — — Dasselbe. Mit ungar. Originaltext. Hfrzbd. Beides ist vergriffen.   1. 80
924 **Paquis**, Ch et Dochez, Histoire de l'Espagne. 2 vols. Lex -8.
Paris 1844. (30 Frs)   8. —
925 **Paris** ou le livre de cent-et-un. 12 vols. Stuttgart 1835. Cart.   3. 50
926 **La Parnasse français.** Choix de poésies par N Ducros. 16. Brunsw.
1857. Toile, tr. d. (6½ *M*)   2. —
927 **Nouveau paroissien** romain cont. les offices de tous les dimanches et
de principales fètes de l'année. 16. Tour 1855. Saffianbd. m. G.   1. 20

Verzeichniss No. 365 der Otto'schen Buchhandlung in Erfurt. 25

ℳ. ₰.

928 **Partonopeus und Melior.** Altfranzösisches Gedicht d. 13. Jahrhund.
In mittelniederländ. u. mittelhochdeutschen Bruchstücken m. begleitend.
Auszügen d französ. Gedichtes, geschichtl. Nachweisungen u. Wörter-
verzeichniss, hrsg. v. HF Massmann. Berl. 1847. (4½ *ℳ*) 2. —

929 **Pecchio.** Vita e scritti di Gius Pecchio. Parigi 1836. 1. 50

930 **Pelletan,** Eugène, Nouvelles heures de travail. Paris 1870. 2. —

931 **Pellico,** Silvio, Mes prisons et des devoirs, trad. p. PL Lezaud. Paris
1856. D. veau 1. 20

932 **Petano,** G, un amour du midi. Etude. Paris 1860. — 70

933 **Peter,** F, die Literatur der Faustsage. 2. Aufl. Lpzg. 1851. Hlwdbd. 1. —

934 **Petöfy,** Alex, lyrische Gedichte, deutsch v. Th Opitz. 2 Bde. M. Portr.
Pest 1864. (9 *ℳ*) 2. —

935 **Petrarca,** Francesco, Rime. 2 ti. Fol. Pisa 1805. Cart. unbeschn. 8. —
Prachtausgabe auf Velinpapier m. prachtv. Porträt, gest. v. Raff Morghen.

936 **Pétrarque,** poésies, trad. p FL de Gramont. Paris 1842. 1. 20

937 — — Sonnets, canzones, ballades et sextines, trad. en vers franc. p.
le comte Anat de Montesquieu. 2 vols. Paris 1843. 2. —

938 **Peyrac,** Comment on parle à Paris, or french as spoken in Paris.
New-York 1856. D. veau 2. —

939 **Philosophie der Geschichte** od. über die Tradition. Frkft. 1827. 1. —

940 **Pictet,** Ad, Du beau dans la nature, l'art et la poesie. Paris 1856. 1. 50

941 **Plaidy,** L, technische Studien für das Pianofortespiel. 2. Aufl. Lpzg.
(Breitkopf u. Härtel.) (6 *ℳ*) 3. —

942 **Platon's** Republik, übers v. Kleuker. 2 Bde. Wien 1805. Ppbd. 1. —

943 — — Gespräche, übers. v. Demselben. Bd. 4—7. Dessen auserlesene
Gespräche übers. v. FL Grafen Stolberg. Bd. 2 u. 3. Ebds. 1804. Ppbd 1. 50

944 **Platon,** Oeuvres, trad., accomp. de notes, d'arguments et de tables
analytiques, préc. d'une esquisse de la philosophie de Platon p.
Schwalbé et d'une introduction à la République p Aimé-Martin.
2 vols. Lex.-8. Paris 1845. (20 Frs) 6. —

945 **Plötz,** H v., über den Sängerkrieg auf Wartburg. Weim. 1851. 1. —

946 **Plutarque,** Vies des hommes illustres. 2 vols. Lex-8. Paris 1836.
(20 Frs.) 5. 50

947 **Pétits poèmes grecs,** trad. p. div. aut. Paris 1842. 1. 20

948 **Pohl,** CF, Mozart und Haydn in London. 2 Bde. Wien 1867. (11 *ℳ*) 5. —

949 **Pohl,** Richard, Hector Berlioz. Studien und Erinnerungen. Lpzg.
1884. Lwdbd. neu. (7 *ℳ*) 4. 50

950 **Poirson,** Précis de l'histoire de France pend. les temps modernes.
Paris 1840. 1. 20

951 — — et Cayx, Précis de l'histoire ancienne. Paris 1831. (6½ Frs) 1. —

952 **En politique** point de justice, ou réplique dans la cause des hérétiers
du Duc de Normandie contre la duchesse d'Angoulème etc. Breda 1851. 2. —

953 **Poliziano,** Angelo, Le stanze. — T Tasso, Aminta. Fol. Firenze
1805. Cart. unbeschn. 3. —
Prachtausgabe auf Velinpapier m. prachtvoll. Porträt P.'s, gest. v. P Bettelini.

954 **Polko,** Elise, Musikalische Märchen, Phantasien u. Skizzen. 3 Bde M.
Portr. u. Bildern. Lpzg. 1872—78. Eleg. Lwdbd. wie neu. (21 *ℳ*) 10. —

955 — — Alte Herren. Die Vorläufer Bach's. Sechs Cantoren d. Leip-
ziger Thomasschule. Silhouetten. Hann. 1865. (3 *ℳ*) 1. 20

956 — — Nicolo Paganini u. d. Geigenbauer. Lpzg. 1876. (5½ *ℳ*) 1. 50

957 — — Vom Gesange. Musikalische Winke und Lebensbilder. 2. Aufl.
Lpzg. 1877. Eleg. Lwdbd. wie neu. (5½ *ℳ*) 2. —

958 — — Faustina Hasse. Eine Geschichte aus dem Musikleben des 18.
Jahrhunderts. 3. Aufl. 1884. (6 *ℳ*) 2. 80

959 **La Pologne** historique, littéraire, monumentale et pittoresque. Rédigée
par une société de litterateurs polonais. 3 vols. Av. beauc. de planches.
4. Paris 1836. *Vergriffen und selten.* 20. —

960 **Polybe,** Hérodien et Zozime, Ouvrages historiques Trad. av. une
notice biographique p. JAC Buchon. Lex.-8. Paris 1838. (10 Fr.) 3. 50

961 **Ponsard,** F, Ulysse Tragedie. Paris 1852. Cart. — 70

962 **Ponsard,** François, La bourse, comédie. Paris 1856. — 80

963 — — Odysseus, lyrisches Drama, deutsch v. Ad Böttger. 16. Lpzg.
1853. Eleg. Lwdbd. m. G. 1. —

964 **Da Ponte,** Lorenzo, Memorie Firenze. 2. 60

26 Verzeichniss No. 365 der Otto'schen Buchhandlung in Erfurt.

$\mathcal{M}$ $\mathcal{J}$

965 **Pontmartin**, A de, Les semaines littéraires Causeries. Paris 1861.   1. 50
966 **Portalis**, Aug, La liberté de conscience et le statut réligieux. Paris 1846. 1. 50
967 **Pott**, AF, die Zigeuner in Europa und Asien. 2 Bde. Halle 1844—45.
    (16 $\mathcal{M}$)   4. 80
968 **Pougin**, A, Boieldieu, sa vie, ses oeuvres, son caractère, sa corre-
    spondance. Paris 1875.   1. 50
969 — — Dictionnaire historique et pittoresque du théatre et des arts qui
    s'y rattachent. Ouvrage illustré de 350 gravures et de 8 chromolitho-
    graphies superbes. 4. Paris 1885. Demi-Maroquin, tr. d'oré, nouveau. 25. —
                    Ein wichtiges, concurrenzloses und prächtig ausgestattetes Werk.
970 **Poujoulat**, Toscane et Rome, correspondance d'Italie. 1840. Toile.   — 60
971 **Poupin**, Victor, La dot de madame Paris 1869.   1. —
972 **Pouqueville**, FCHL, Histoire de la régéneration de la Grece, compren.
    les précis des évènem. dep. 1740—1824. 4 vols. III édit. Brux 1825.   5. 50
973 **Prade**, R de, Histoire de Gustave Adolphe dit le Grand et de
    Charles Gustave, roi de Suède. Paris 1690. Frzbd.   1. —
974 **Pressensée**, Edmund v, Les origines Le probleme de la connaissance.
    Le problème cosmologique. Le problème anthropologique. L'origine
    de la morale et de la réligion. Paris 1883.   4 50
975 **Prières**, les divines et méditations Paris 1839. Sammetbd. m. G.   1. 50
976 **Proudhon**, PJ, Système des contradictions économiques, ou philosophie
    de la misère. Vol. I. Paris 1846. (15 Frs.)   1. 80
977 — — De la création de l'ordre dans l'humanité. Paris 1843. Hfrzbd.   1. 50
978 — — Le droit au travail. — Solution du problème social. Paris 1848.   1. —
979 — — Qu'est-ce que la prophété? 2 parties. — Avertissement aux pro-
    priétaires Paris 1848. Hfrzbd.   1. 50
980 — — La revolution sociale démontée par le coup d'état du 2 décembre
    1852. Bruxelles 1852.   1. —
981 — — Philosophie du progrès Programme. Brux. 1853.   — 80
982 — — 5 divers opuscules Paris 1845 — 48. Lwdbd.   1. —
983 — **Sainte-Beuve**, CA, PJ Proudhon. Sa vie et sa correspondance.
    1838—1848. Paris 1872.   2. —
984 **Przezdzieckiego**, Alex, Podole, Wolyn, Ukraina. 2 voll. Av. planches.
    Wilna 1841.   Polnisch.   2. —
985 **Die Psalmen.** Deutsch v. Dr. M Luther. Berl 1852. Saffianbd. m. G. 1. 50
                    Reizende Ausgabe mit zweifarbiger Einfassung auf Velinpapier.
986 **Psalterium parvum**, contin. psalmos ac commune Sanctorum ad horas
    canonicas minores in festis per annum. Fol. Aug. Vind. 1882. In
    Pergamentpapier-Umschlag, neu (25 $\mathcal{M}$)   12. —
             Prachtdruck in Roth und Schwarz auf starkem Handbüttenpapier mit vielen
                             Initialen und Illustrationen.
987 **Quantz**, Alb, Leben u. Werke des Flötisten Johann Joachim Quantz,
    Lehrers Friedrichs des Grossen. Berl. 1877.   — 60
988 **Quatremaire de Quincy**, Histoire de la vie et des ouvrages des plus
    célèbres Architectes du 11. siècle jusqu'à la fin du 18 , accompagnée
    de la vue du plus remarquables édifice du chacun d'eux. 2 vols. Avec
    45 planches grav. Lex -8. Paris 1830. Ppbd. unbeschnitten.   24. —
989 **Quicherat**, L et A Daveluy, Dictionnaire latin-français avec un vo-
    cabulaire des noms géographiques, mythologiques et historiques. Lex.-
    8. Paris 1846. Lwdbd (12 $\mathcal{M}$)   5. —
990 **Quinet**, Edgar, Ahasvérus Paris 1842.   1. 20
991 — — Merlin l'enchanteur. 2 vols. Paris 1860. (15 Frs.)   4. 50
992 **Quitard**, PM, Dictionnaire étymol , histor. et anecdot. des proverbes
    et des locutions proverbiales. Paris 1842 Hfrzbd.   4. 50
993 **Racine**, J, Théatre Av. portr. Paris 1874.   2. —
994 **Radowitz**, Jos v., Ikonographie der Heiligen. (Schriften I.) Berl. 1852. 3. —
995 **Rahden**, Wilh Baron v., Cabrera. Erinnerungen a. d. spanischen
    Bürgerkriege M. Portr. Frkft 1840. Saffianbd. m G. (12 $\mathcal{M}$) Vergriffen. 4. —
996 **Ram Baud**, Yveling (Fréd Gilbert,) Les crimes impunis. Paris 1869. 1. 20
997 **Rancé**, Arm Jean le Bouthillier de, Lettres, recueillies et publiées
    p. B Gonod. Paris 1846.   4. —
998 **Rapp**, Général Jean Cte, aide de camp de Napoléon, Mémoires. Ecrit
    par lui même. Av. portr. Brux 1823.   3. —
999 **Raszmann**, Aug, die deutsche Heldensage und ihre Heimath. 2 Bde.
    2. Ausg. Hannover 1863. (22 $\mathcal{M}$)   7. 50

Verzeichniss No. 365 der Otto'schen Buchhandlung in Erfurt.   27

                                                      ℳ ₰

1000 **Raszmann**, A, die Niflungasaga und das Nibelungenlied. Heilbronn 1877. (5 *ℳ*)	2.	—
1001 **Rau**, H, M o z a r t. Ein Künstlerleben. 4. Aufl. Berl. 1875.	2.	50
1002 **Raymond**. Michel, Le secret, roman. 2 vols. Brux. 1835. D. toile.	—	80
1003 — — Soirées à Corbeil. 2 vols. 1836.	—	70
1004 — — La valise de Simon le borgne. 1836.	—	70
1005 — — Henriette. 2 vols. 1840.	—	50
1006 **Redern**, Comte de, Considerations sur la nature de l'homme en soi-même, et dans ses rapports avec l'ordre social. 2 vols. Paris 1835.	3.	50
1007 **Regnard**, Théatre. Av. portr. Paris 1871. D. veau.	1.	20
1008 **Reimann**, E, die Vereinigten Staaten v. Nordamerika im Uebergange vom Staatenbund zum Bundesstaat. Weimar 1855.	1.	50
1009 **Ada Reis**. A tale. 3 vols London 1823. Ppbd.	1.	—
1010 **Reissmann**, Aug, allgemeine Geschichte der Musik. 3 Bände. Mit Notenbeilagen Lex-8. Lpzg. 1864. (33 *ℳ*)	8.	50
1011 — — Illustrirte Geschichte d. deutschen Musik. Mit vielen Portraits, Bildern u. Musikbeilagen. Lpzg. 1881. (14 *ℳ*)	6.	—
1012 — — Handlexikon der Tonkunst. Berl. 1882. (9 *ℳ*)	5.	—
1013 — — Die Hausmusik. In ihrer Organisation u. kulturgeschichtlichen Bedeutung dargestellt. Ebds. 1884. (6 *ℳ*)	3.	50
1014 — — F e l i x M e n d e l s s o h n - B a r t h o l d y. Berlin 1872. Lwdbd. neu. (6½ *ℳ*)	3.	80
1015 — — R o b e r t S c h u m a n n. Sein Leben u. seine Werke. M. Portr. 2. Aufl. Berlin 1872. Lwdbd, wie neu. (5½ *ℳ*)	3.	—
1016 — — Dasselbe. Lwdbd, neu.	3.	50
1017 — — J o s e p h H a y d n. Berl. 1879. Lwdbd. neu. (8¹ *ℳ*)	5.	—
1018 — — Christoph Willibald v. G l u c k. Berl. 1882. Lwdbd. neu. (8 *ℳ*)	4.	80
1019 — — GeorgFr H ä n d e l. Berl. 1882. Lwdbd. neu. (8 *ℳ*)	4.	80
1020 — — Carl Maria von W e b e r. Sein Leben und seine Werke. Berl. 1883. (6 *ℳ*)	3.	—
1021 **Remy**, Jules, Voyage au pays des M o r m o n s Relation — Géographie — Histoire naturelle — Histoire — Théologies — Moeurs et coutumes. 3 vols. Av. 10 gravures sur acier et 1 carte. Lex-8. Paris 1860. (20 Frs)	8.	—
1022 **Revue** internationale de l'enseignement. Publ. p. la société de l'enseignement supérieure. IIIe. année. Paris 1883. (24 Frs.)	5.	—
1023 **Revue des deux mondes**. Année 1844. Vol. 2 et 3, 1846. Vol. 2, 1847 Vol. 2 et 3, 1848 Vol. 2, 3 et 4 et 1851. cplt. Lex-8. 26 vols. Paris.	8.	—
1024 **Reybaud**, Louis, Etudes sur les réformateurs ou socialistes modernes St Simon, Chs. Fourier, Rob Owen etc. 2 vols. 4e. édit. Paris 1844. Hfrzbd.	6.	—
1025 — — Jérome Paturot a la recherche d'une position sociale. Edition illustrée p. JJ G r a n d v i l l e. Lex.-8. Paris 1846. Saffianband.	10.	—
	Eins der geistreichsten Grandville'schen Illustrationswerke; vergriffen und selten.		
1026 — — Le même. 4 vols. Brux. 1848.	1.	—
1027 — — Le même. Paris 1858. Cart.	1.	—
1028 — — Pierre Mouton — Edouard Mougeron. 7 vols.	1.	20
1029 **Richelieu**, Duc de, Mémoires. 2 vols. Paris.	4.	—
1030 **Richter**, EFr, Lehrbuch d. Harmonie. 11. Aufl. Lpzg. 1875. Hlwdbd.	1.	80
1031 **Riehl**, HW, musikalische Charakterköpfe. Ein kunstgeschichtl. Skizzenbuch. 3 Bde. Stuttg. 1879. Eleg. Lwdbd. neu. (19½ *ℳ*)	10.	—
1032 **Rio**, AF, De la poésie chrétienne. (Forme de l'art IIe. partie.) Paris 1836. (7½ Frs.)	2.	—
1033 **Rissé**, J, F r a n z S c h u b e r t u. seine Lieder. 2 Thle Erfurt.	1.	50
1034 **Robert**, Cyprien, Les Slaves de la Turquie, Serbes, Monténégrins, Bosniques, Albanais et Bulgares. 2 vols. Paris 1844. (10 Frs)	3.	—
1035 — — Le Monde Slave, son passé, son état présent et son avenir. 2 vols. Paris 1852. (15 Frs)	3.	—
1036 **Robertson**, W, Histoire du règne de l'empereur C h a r l e s - Q u i n t. 4 vols. Paris 1822.	2.	50
1037 **Rochlitz**, Friedrich, für Freunde d. Tonkunst. 4 Bde. 3. Aufl. Lpzg. 1868. Hlwdbd. (14 *ℳ*) Werthvolle u. reichhaltige Sammlung.	4.	—
1038 — — Dasselbe. Eleg. Lwdbd.	4.	50

28 Verzeichniss No. 365 der Otto'schen Buchhandlung in Erfurt.

$\mathcal{M}$ $\mathcal{J}$.

1039 **Roederer**, JL, Louis XII. et François I., ou mémoires pour servir
à une nouvelle histoire de leur règne. 2 vols. Paris 1825.   5. 50
1040 **Roland**, la chanson de, et la Roman de Roncevaux de 12. et 13. siècles.
Publ. p. F Michel. Paris 1862.   4. —
1041 **Roland**, Madame, Notices historiques sur la Révolution. — Portraits.
et anecdotes. Paris.   2. —
1042 **Rolle**, H, Quelques chapitres des] mémoires de Jérome Paturot. 2 vols.
Brux 1843. Cart.   — 80
1043 **Rollin**, Chs, Histoire ancienne. Avec notes et éclaircissemens p. E
Bères. 3 vols. Av. beauc. de planches et cartes. Lex.-8. Paris
1837. (36 $\mathcal{M}$)   6. —
1044 **Le Roman du Renard**, mis en vers, d'après le texte originaux, précédé d'une introduction. p. Chs Potvin. Paris (Didot).   2. 50
1045 — **Jonckbloet**, WJA, Etude sur le roman de Renart. Groningue
1863. Cart. (12 $\mathcal{M}$)   4. 50
1046 **Le Roman de la Rose**, par Guill de Lorris et Jean de Meung,
nouv. edit. p. Francisque-Michel. 2 vols Paris 1864.   6. —
1047 **Roman des Sept Sages** de Rome, en deux rédactions par Gaston
Paris. Paris 1876. Toile.   6. 50
1048 **Le Romancero** du Pays Basque. Paris 1859.   2. —
1019 **Rome dans sa grandeur.** Vues, monuments anciens et modernes
description, histoire, institutions. Environs de Rome. Dessins d'après
nature par Phil et Felix Benoist, lithographiés par les premiers artistes
de Paris. Texte descr. p. Champagny, de la Gournerie, de Rossi, Vis-
conti et A. Roy.-Fol. Nantes (Charpentier) 1866–74. Neu   90. —
Eins der schönsten über Rom erschienenen Werke; es enthält 99 Ansichten in
vorzüglichem Tondruck, 1 Plan und viele Textillustrationen.
1050 **Roselly de Lorgues**, De la mort avant l'homme et du péché original.
Paris 1841.   3. —
1051 **Rosenkranz**, K, Goethe und seine Werke. Königsbg. 1847. (7½ $\mathcal{M}$) 2. 50
1052 — — Dasselbe. 2. (neueste) Aufl. Ebds. 1856.   4. —
1053 **Rössler**, CH, Liederkranz auf Oesterreichs neueste Heldenzeit. 16.
Prag 1854. Ppbd. m. G.   1. —
1054 **Rousseau**, JB, das heilige Oesterreich. Legendarische Verherrlichung
aller Landespatrone m. geschichtl. Nachwels. Lpzg. 1855. Ppbd.   1. 50
1055 **Rousseau**, JJ, Oeuvres complètes. 34 vols. Deux-ponts 1789. Ppbd. m. T. 11. 50
1056 — — Les confessions. 4 vols. 16. Paris 1813.   1. 20
1057 — — Dictionnaire de musique. 3 vols. Av. beauc. pll. de musique.
Paris 1793 Ldrbd. m. G.   Oeuvres vol. 20—22.   1. 80
1058 — — Ecrits et dictionn. de musique 3 vols. Paris 1819. Ldrbd.   1. 50
          Oeuvres vol. 11—13.
1059 — — Lettres inédites à Marc Michel Rey, publ. var J Bosscha.
Av. 2 facsimm. Amsterdam 1858.   3. —
1060 **Rückert**, Fr, die Verwandlungen des Abu Seid von Serug oder die
Makamen des Hariri. 2 Bde. 3. Aufl. Stuttg. 1844. Lwdbd.   3. —
1061 **Sabatier**, L, L'église catholique vengée du reproche de favoriser le
despotisme politique et ecclésiastique. Montpellier 1841.   2. —
1062 **Sachs**, C, Beiträge zur Kunde altfranzösischer, englischer und proven-
zalischer Literatur. Berlin 1857.   1. —
1063 **Sadi**, Gulistan ou le parterre de roses, trad. et annot. p Ch Defré-
mery. Paris 1858. D. veau.   1. 80
1064 **Saint-Albin**, A de, Histoire d'Henri V. Paris 1874. Hlwdbd.   3. —
1065 **Sainte-Beuve**, CA, Correspondance. 1822—1869. 2 vols. — Nouvelle
correspondance. Paris 1878—80. ('0½ $\mathcal{M}$)   6. —
1066 — — Port-Royal. 7 vols. Paris 1878. (24½ $\mathcal{M}$)   14. —
1067 **Saint-Pierre**, Bernardin de, Oeuvres posthumes, ed. p. Aimé-Martin.
Lex.-8. Paris 1836. (12 Frs.)   3. —
1068 **Saint-Simon**, Oeuvres. Paris 1841.   2. 50
1069 — — Nouveau christianisme. Letters d'Eugène Rodriques sur la
réligion et la po itique. Paris 1832.   1. 80
1070 **Sales**, Saint François de, Oeuvres. Vol. IV. cont Controvers —
Traité de l'amour de Dieu. — Règles de St. Augustin etc Lex -8.
Paris 1859.   3. —
1071 **Salles**, EF de, Histoire générale des races humains ou philosophie
ethnographique. Paris 1849.   1. 20

Verzeichniss No. 365 der Otto'schen Buchhandlung in Erfurt. 29

.*ℳ 𝔡.*

1072 **Sammlung** musikalischer Vorträge, hrsg. v. Paul Graf Waldersee. 2 Bde. Lex.-8. Lpzg. 1879 – 80. Originalleinwandbände, neu. (20 ℳ) 8. —
1073 **Sand**, George, Un hiver au midi de l'Europa. Brux. 1841. — 60
1074 — — Adriani. Paris 1857. — 60
1075 — — Le diable aux champs. Paris 1857. — 60
1076 — — Elle et lui. Paris 1859. (3½ Frs.) 1. 20
1077 — — Monsieur Sylvester. — Ernest Capendu, Le chevallier d Poulailler. Lex -8. New-York 1866. Hfrzbd. 1. 20
1078 **Satyre** Menippée, av. des notes p. Chs Labitte. Paris 1841. 1. 20
1079 **Schaefer**, G, Histoire de Hohenzollern au moyen âge. Roy.-4. Paris 1859. (20 ℳ) 5. —
1080 **Schaefer**, H, Histoire de Portugal, trad. p. H Soulange-Bodin. Lex.-8. Paris 1845. (15 Frs.) 3. 50
1081 **Schauer**, JK, Joh. Seb. Bach's Lebensbild. Jena 1850. — 50
1082 **Scheurlin**, Georg, Musiker-Novellen. Hann. 1872. (3 ℳ) 1. 20
1083 **Schiller**, Oeuvres dramatiques, trad. de Barante. Préc. d'une notice biograph. et littér. et av. 1 portr. Paris 1834. Schöne Ausgabe. 3. —
1084 **Schillerlieder**, gesamm. v. E Ortlepp. 16. Stuttg. 1839. Hfrzbd. 1. 20
1085 **Schilling**, G, der Pianist oder die Kunst des Clavierspiels, theoret. praktisch dargest. 2. Aufl. Osterode 1854. Hlwdbd. 1. 50
1086 **Schindler**, Ant, Biographie von Ludwig van Beethoven. 2 Thle. in 1 Bd. M. Portr. 4 (neueste) Aufl Münster 1871. 2. 80
1087 **Schladebach**, Jul, Friedrich August II., König v. Sachsen. Ein Denkmal. M. Portr. u. Ansichten. Dresd. 1854. (6 ℳ) Vergriffen. 2. —
1088 **Schlegel**, Fréd de, Philosophie de l'histoire, trad. p. Léchat. 2 vols. Paris 1836. Cart. 1. 50
1089 **Schletterer**, HM, übersichtliche Darstellung d. Geschichte der kirchlichen Dichtung und geistlichen Musik. Nördlingen 1856. (3½ ℳ) 1. 80
1090 — — Geschichte d. geistlichen Dichtkunst u. kirchlichen Tonkunst in ihrem Zusammenhang mit d. polit. u. social. Entwickelung d. Volks. Bd. I. (einz.) Lex.-8. Hann. 1869. (12 ℳ) 2. —
1091 — — Studien zur Geschichte der französischen Musik. 3 Bde. Berl. 1885. Eleg. Hfrzbd. neu. (17½ ℳ) 5. —
1092 **Schlosser**, FrChr, Dante Studien. Lpzg. 1855. Lwdbd (6 ℳ) 1. 80
1093 **Schlucht**, J, Meyerbeer's Leben u. Bildungsgang M. ungedruckten Briefen Meyerbeers. Lpzg. 1869. (5 ℳ) 2. —
1094 **Schmid**, CChrE, Wörterbuch zum leichtern Gebrauch der Kant'schen Schriften. 4. Aufl. Jena 1798. Ppbd. 1. 50
1095 **Schmidt**, Fr, musikalische Sonette. 16. Weimar 1861. 1. —
1096 **Schmidt**, Julian, Geschichte der französischen Literatur seit der Revolution von 1789. 2 Bde. 2. (neueste) Aufl. Lpzg. 1873. (23 ℳ) 8. —
1097 — — Dasselbe. Eleg. Hfrzbd. (25 ℳ) 10. —
1098 **Schmitz**, B, Deutsch-französische Phraseologie. Berlin 1878. 1. —
1099 **Schneider**, Friedrich, Elementarbuch der Harmonie- u. Tonsetzkunst. 2. Aufl. 4. Lpzg. (11 ℳ) 3. —
1100 **Schopenhauer**, Arthur, die beiden Grundprobleme der Ethik. Frkft. 1841. Saffianbd. 1. 80
1101 **Schouw**, JF, Naturschilderungen. 2 Bde. 16. Cassel 1854. 1. —
1102 **Schultze**, K, Ludwig Erk. Biographische Skizze. Berl. 1876. — 80
  Scott, Walter, Oeuvres, trad. de l'anglais. Paris.
1103 — Mathilde de Rokeby. 2 vols. 1820. Hfrzbd. — 80
1104 — Le Monastère. 3 vols. 1820. Hfrzbd 1. 20
1105 — Histoires du temps de Croisades. 5 vols. 1825. Hfrzbd. 1. 50
1106 — La fiancée de Lammermoor. 3 vols. 1826. 1. —
1107 — Woodstock, histoire du temps de Cromwell. 4 vols. 1826. 1. 20
1108 **Scribe**, Eug, Oeuvres complètes. Vol. IV. et V. Suite de 70 comédies et vaudevilles. Av. gravv. color. Lex.-8. Paris 1841. D. veau. 4. 50
1109 — — Piquillo Alliaga, ou les moeurs sous Philippe III. 3 vols. 1846. 1. 20
1110 **Scudo**, Critique et littérature musicales. Paris 1856. 1. 50
1111 — Le chevalier Sarti. Paris 1857. 2. —
1112 **Ségur**, Comte de, Histoire universelle, cont. l'histoire ancienne, Romaine et du Bas-Empire. 12 vols. VIe. édition. Paris 1839 – 42. (60 Frs.) 5. —
    Mit 45 sehr hübschen Kupfern. Die letzten 2 Registerbogen des 12. Bandes etwas fleckig.

30　Verzeichniss No. 365 der Otto'schen Buchhandlung in Erfurt.

M 𝔡.

1113 **Ségur,** Le Comte de Ph, Mémoires ou souvenirs et anecdotes. 3 vols.
Av. portr. Paris 1826. D. veau.　　3. —
1114 — — Histoire et mémoires, période de 1789 – 1848. Ouvrage posthume.
8 vols. Paris.　　26. —
1115 **Sémaine littéraire** du Courrier des Etats - Unis. 11 divers volumes.
Lex.-8. New-York 1848 - 65. D. veau.　　10. —
　　　Enthalten eine grosse Anzahl neuerer französischer Werke.
1116 **Semmig,** H, Geschichte der französischen Literatur im Mittelalter.
Lpzg. 1862. (6 *M*)　　1. 50
1116a **Sevigné,** Madame de, Lettres complètes avec notes et portr. 6 vols.
Paris 1856 - 67. (15 Frs.)　　6. —
1117 **Sewell,** W, Gertrude. A tale. New-York 1847. Lwdbd.　　1. —
1118 — — Amy Herbert. A tale. New-York 1847.　　— 80
1119 — — Margaret Percival. A tale. 2 vols. New-York 1847.　　1. 50
1120 **Shakespeare's,** Will, The works, with notes, preface, a life of the poet
and a glossary. Lex.-8. Leips. 1840. Lwdbd. (13¼ *M*)　　3. —
1121 **Sigart,** J, Glossaire etymologique Montois ou Dictionnaire du Wallon
de Mons et du Hainaut. Brux. 1870.　　6. —
1122 **Simon,** Jules, La religion naturelle. Paris 1866.　　1. 20
1123 **Der Singerkriec uf Wartburc.** Gedicht aus dem 13. Jahrhundert.
M. Einleitg., Uebersetzg. u. Erläutergn. hrsg. v. L Ettmüller. Ilmen.
1830. Lwdbd.　　2. —
1124 **Sivers,** Jegór v., Cuba. Die Perle der Antillen. Reisedenkwürdig-
keiten u. Forschungen Lpzg. 1861. (6 *M*)　　2. —
1125 **Sklower,** S, Entrevue de Napoléon I. et de Goethe. Paris 1853.　　1. —
1126 **Soave,** Franc, Novelle morali. 2 ti. 16. Paris 1839.　　1. —
1127 **Sophocle,** Tragédies, trad. p. Artaud. Paris 1841.　　1. 20
1128 **Soulié,** Fred, Le conseiller d'état. 2 vols. Brux. 1835.　　— 80
1129 — — Romans historiques du Languedoc. 2 vols. 1836. D. toile.　　1. —
1130 — — Un été à Meudon. 2 vols 1836.　　— 80
1131 — — Deux séjours. Province et Paris. 2 vols. 1836.　　— 60
1132 — — Sathaniel. 2 vols. 1837. D. toile.　　— 80
1133 — — Un premier amour. 1838.　　— 60
1134 — — Maison de campagne a vendre. — Les amants de Murcie.　　— 80
1135 — — Diane. — Un malheur complet. 2 vols. 1839.　　— 60
1136 — — Si jeunesse savait, si vieilleuse pouvait. 5 vols. 1844.　　1. —
1137 — — Huit jours au chateau. 2 vols. Grimma 1844. Ppbd.　　— 70
1138 **Souvestre,** Emile, La maison rouge. 2 vols. Brux. 1837.　　— 80
1139 — — Le journaliste. 2 vols. 1839.　　— 80
1140 — — Pierre Landais. — Claude Rionel. — Une promenade. 3 vols.　　1. —
1141 **Spitta,** Ph, Johann Sebastian Bach. Biographie. 2 Bde. Lpzg.
1873 – 1880. (36 *M*)　　27. —
1142 **Die Sprichwörter der Polen** historich erläutert. Beitrag zur Kennt-
niss slavischer Culturzustände v. C Wurzbach 2 Aufl. Wien
1852. (6 *M*)　　Vergriffen.　　3. —
1143 **Staël,** Madame de, De l'Allemagne. Paris 1882.　　2. —
1144 — — Corinne ou l'Italie. Paris 1877.　　2. —
1145 — — Delphine. Paris 1878.　　2. —
1146 **Stassoff,** Wlad, L'abbé Santi et sa collection musicale a Rome.
Florence 1854.　　Nicht im Handel.　　1. 50
1147 **Stern,** Ad, poetische Erzählungen. 16. Lpzg. 1855. Ppbd. m. G.　　— 80
1148 — — Zwei Frauenbilder. Dichtungen. 16 Ebds. 1856.　　— 50
1149 **Steur,** Chs, Ethnographie des peuples de l'Europe avant Jésus Christ
ou essai sur les nomades de l'Asie lenrs migrations, leur origine, leurs
idées réligieuses, leurs caractères sociaux etc. 3 vols. Av. cartes
geograph. Lex -8. Brux. 1872 – 74. (30 *M*)　　13. 50
1150 **Stichling,** GTh, Staatsminist. EChr Aug Frhr. v. Gersdorf. Weim. 1853.　　— 60
1151 **Stirner,** Max, der Einzige und sein Eigenthum. Lpzg. 1845. Hfrzbd.
(8½ *M*)　　Vergriffen und selten.　　4. —
1152 **Sue,** Eugène, Histoire de la marine française. XVIIe. siècle. Jean
Bart. 5 vols. Paris 1835—37. (40 Frs.)　　8. —
1153 — — Deleytar. 2 vols. Brux. 1839. D. toile.　　— 60
1154 — — Aventures d'Hercule Hardi. 1840. D. toile.　　— 60
1155 — — Thérèse Dunoyer. 3 vols. 1842.　　1. 20

Verzeichniss No. 365 der Otto'schen Buchhandlung in Erfurt.   31

ℳ ₰

1156 **Sue,** Eugène, Le juif errant. 5 vols. Brux. 1844.   1. 50
1157 — — Mathilde. Mémoires d'une jeune femme. 6 vols. Grimma
     1844. Ppbd.   1. 50
1158 — — La Duchesse. 4 vols. 16. Lpzg. 1847. Lwdbd.   1. —
1159 — — Miss Mary ou l'instructrice. 3 vols. Brux. 1851.   1. 20
1160 — — La bonne aventure. 4 vols. 1851.   1. 80
1161 — — Jean Bart et Louis XIV. Drames maritimes du 17. siècle.
     Illustrée p. JA Beaucé. pet in Fol. Paris 1851. (15 Frs.)   3. —
1162 — — Gilbert et Gilberte. 6 vols. Brux. 1853.   2. 20
1163 — — Les fils de famille. 12 vols. 1856.   4. 50
1164 — — Henriette Dumesnil. 1848.   — 50
1165 — — Les secrets de l'oreillier. 7 vols. 16. Lpzg. 1858. (10½ ℳ)   3. —
1166 — — Oeuvres. 7 divers cahiers illustrés. pet in Fol. Paris. (8½ Frs.)   2. —
1167 **Suso.** Die deutschen Schriften des seligen Heinrich Seuse. Hrsg. v.
     HS Denifle. Bd I. (bis jetzt einziger). Augsbg. 1880. Neu. (12 ℳ)   5. —
            Schöne in Schwabacher Lettern gedruckte Ausgabe.
1168 **Swift,** J, Le conte du tonneau, trad. de l'angl. 2 vols. Av. figg. La
     Haye 1732. Veau.   1. —
1169 **Tableaux** pittoresques de l'Inde. Trad. du l'Anglais du RH Caun-
     ter p. PJA Urbain. Avec 21 gravures sur acier d'après W Daniel.
     Lex -8. Paris 1836.   3. —
1170 **Tableau** politique des règnes de Charles II. et de Jacques II,
     derniers rois de la maison de Stuart. 2 vols. La Haye 1818. Ppbd.   2. —
1171 **Taine,** H, Les origines de la France contemporaine. L'ancien régime.
     Paris 1885. (7½ ℳ)   5. —
1172 **Tallon,** A, La caravane. Contes orientaux. Paris 1855.   — 70
1173 **Tárkányi,** BJ, Költeményei. A költő elterajzaval Ferencz Toldi.
     Pest 1857. Mit Tárkányi's Porträt.   2. 50
1174 **Taschenbuch,** literarisches, der Deutschen in Russland. Hrsg. von
     Jégor von Sivers. Riga 1858. Eleg. Lwdbd.   1. 50
1175 **Tasso,** Torq, Le Jérusalem délivrée. Trad en prose p. V Philippon
     de la Madelaine. Illustrée p. Baron et C Nanteul. Lex.-8. Paris
     1841. Hfrzbd. (25 Frs.) Mit 21 schönen Holzschnitttafeln auf chines. Papier.   8. —
1176 **Tegnér,** Isaie, Axel — Frithiof — Poésies diverses. Trad. du Suédois
     p. R du Puget. Paris 1846.   1. 20
1177 **Tegoborski,** L de, Etudes sur les forces productives de la Russie.
     2 vols. Paris 1852. (16 Frs.)   3. —
1178 **Texier,** Edm, Tableau de Paris. Ouvrage illustré de 500 gravures
     d'après les dessins de Gavarni, Grandville, Vernet et A. 2 vols. Roy.-
     Folio. Paris 1852 – 53. Hfrzbd.   10. —
1179 **Théâtre français** au moyen age. Publié d'après les manuscrits par
     Monmerqué et Michel. Lex.-8. Paris 1842.   6. —
1180 **Theiner,** L'église schismatique russe, d'après les relations récentes
     du prétendu saint-synode. Paris 1846.   2. 50
1181 **Thézard,** L, Répétitions écrites sur le droit romain. IVe. éd. Paris 1883.   3. —
1182 **Thierry,** Amédée, Histoire des Gaules depuis les temps les plus reculés
     jusqu'à l'entière soumission de la Gaule à la domination romaine. 2
     vols. Paris 1881. (7 ℳ)   4. —
1183 — — Histoire des Gaules sous la domination romaine. 2 vols. Paris
     1874. Lwdbd. neu.   6. —
1184 **Thierry,** Augustin, Lettres sur l'histoire de France. Paris 1827.   2. —
1185 — — Histoire de la conquête de l'Angleterre par les Normands.
     4 vols. Paris 1867.   7. —
1186 **Thiers,** Ad, Histoire de la Révolution française. Précédée d'un précis
     de l'histoire de France par Michelet. 19ts. en 6 vols. 16. Brux.
     1842. Hfrzbd.   6. —
1187 — — De la propriété. Paris 1848.   1. —
1188 **Thomas,** Em, Histoire des ateliers nationaux. Paris 1848.   1. —
1189 **Thomas a Kempis,** L, Imitation de Jésus Christ. Traduction de Michel
     de Marillac, précédée p. Louis Veuillot. Paris 1876. Neu. (50 ℳ)   28. —
         Pracht-Ausgabe im Geschmacke des 16. Jahrhunderts. Mit vielen originellen
           Radirungen, Kupferstichen, Vignetten und Initialen.
1190 **Thourel,** Histoire de Génève, depuis son origine jusqu'à nos jours.
     3 vols. Génève 1833. (21 ℳ)   8. —

32 Verzeichniss No. 365 der Otto'schen Buchhandlung in Erfurt.

M. ₰

1191 **Thucydide** et Xénophon, Oeuvres complètes. Avec notices biographiques p. JAC Buchon. Lex.-8. Paris 1837. (15 Frs.)   4. —
1192 **Deutsches Tondichter-Album.** 12 vorzügliche Photographieen nach Originalen v. Zimmermann u Halder m. biograph. Texte v. Fr v. Hohenhausen. kl.-Fol. Berl. 1883. Prachtbd. neu. (30 *M*)   15. —
     Toepffer, Rud, Collection des histoires en estampes. qu.-Lex.-8. Génève 1846. Ppbd.
1193 — Vol. III. Mr. Pencil.   2. 50
1194 — Vol. VI. Mr. Vieux Bois.   2. 50
1195 — — Nouvelles Genevoises. Hrsg. v R Koenig. Bielef. 1877. Hlwdbd.   1. 20
1196 **Le Tour du monde.** 1001 merveilles des voyages. 7 vols. 1844.   1. —
1197 **Treumund,** G (Gust Steinacker), Harfentöne aus dem Ungarlande. Lpzg. 1835. Hfrzbd.   1. —
1198 **Troegel,** EM, Causeries sur la psychologie d'animaux 1856.   — 60
1199 **Trognon,** Aug, Vie de Marie Amélie, Reine des Français. Paris 1871. (7½ *A*)   3. —
1200 **Uchard,** M, Une dernière passion. Lex -8. New-York 1866.   — 70
1201 **Ulibischeff,** A, Beethoven, s. Kritiker und s. Ausleger. Aus dem Französischen übersetzt v. L Bischoff. Lpzg. 1858. (5½ *M*)   2. —
1202 **Ullbach,** Louis, Le mari d'Antoinette Paris. (3½ *M*)   1. 50
1203 — — Guide sentimental de l'tranger dans Paris. Paris 1878.   1. 80
1204 **Vaillant,** JA, Les Romes. Histoire vraie des vrais Bohémiens. Paris 1857.   4. —
1205 **Valerio,** F, Grammaire italienne. Moscou 1822.   1. 20
1206 **Valery,** Voyages historiques et littéraires en Italie, pendant les années 1826—28. Av. beauc de gravures. Lex -8. Brux. 1835. D. veau.   *Epuisé.*   7. 50
1207 **Vallat,** JChA, Le prisonnier de Sainte-Hélène. Meiningen 1865.   — 70
1208 **Vallet de Viriville,** Procès de condamnation de Jeanne d'Arc, dite La Pucelle d'Orléans. Paris.   4. —
1209 **Valleyres,** Souvenirs d'un spiritualiste. Paris 1856.   — 50
1210 **Ventura,** J, La femme catholique, faisant suite aux femmes de l'Evangile. 2 vols Paris 1855. Lwdbd. (12 *M*)   4. 50
1211 **Vie** des Saintes du mois, av. 392 gravv. 16. Paris. Hfrzbd.   1. —
1212 **Villemain,** Cours de littérature française. Av. portr. 1828. Cart.   1. 50
1213 **Villeneuve-Bargemont,** Alban de, Economie politique chrétienne ou recherches sur la nature et les causes du paupérisme, en France et en Europe et les moyens de le soulager etc. 3 vols. Paris 1834.   4. 50
1214 **Vincens,** Emile, Histoire de la républiques de Gènes. 3 vols. Paris 1842. (20 *M*)   5. —
1215 — — Le même. 4 vols. Av. portr. Brux. 1843. Hlwdbd.   5. —
1216 **Vischer,** FrTh, Aesthetik Thl. III. 1. Abschnitt. Die Kunst überhaupt u. ihre Theilung in Künste. Reutl. 1851.   1. 20
1217 — — Dasselbe. Thl. III. 2. Abschn Heft 5. Die Dichtkunst. Ebds. 1857. (12½ *M*)   4. —
1218 **Voigtmann,** ChrG, englisches Aussprache-Wörterbuch für die Deutschen. Lpzg. 1877. Hlwdbd.   2 —
1219 **Les voisins** de l'autre côté. 2 vols. Paris 1833.   1. 50
1220 **(Volkonski,** Prince Alex), Conseils de philosophie pratique. Paris 1851.   1. —
1221 **Volksprediger,** Moralisten und frommer Unsinn. — Seb Brandts Narrenschiff mit Geiler v. Kaisersberg Predigten darüber u. Thom Murner's Schelmenzunft. Von J Scheible. M. viel. Bild. (Kloster Bd. I) Stuttg. 1846. Hlwdbd. (13½ *M*)   5. —
1222 **Voltaire,** Oeuvres complètes. Vol II. et III. (fin) Paris 1828. Frzbd.   3. 50
1223 — — Théatre. 11 vols. Deux-Ponts 1789. Cart.   3. —
1124 — — Melanges historiques. Ibid. 1792. Cart.   — 50
1225 — — Facéties. Ibid. 1792. Cart.   — 50
1226 — **Bungener,** LF, Voltaire et son temps. 2 vols. Paris 1851. Lwdbd.   4. 50
1227 **Wachsmuth,** Wilh, Weimars Musenhof. Historische Skizze. Berlin 1844.   *Vergriffen.*   3. —
1228 **Wackernagel,** Phil, Bibliographie z. Geschichte d. deutschen Kirchenliedes im 16. Jahrh. Lex.-8. Frkft. 1855. (15 *M*)   4. —
1229 — — Eleganter Halbsaffianband, neu.   6. —
1230 **Wagner,** Richard, gesammelte Schriften und Dichtungen. 10 Bde. Lpzg. 1871—83. (50 *M*)   30. —

Verzeichniss No. 365 der Otto'schen Buchhandlung in Erfurt.   33

_ℳ ₰_

1231 **Wagner,** Richard, Oper u. Drama. Bd. II. u. III. Lpzg. 1852.   1. 20
1232 — **Glasenapp,** CFr, Richard Wagner's Leben und Wirken. 2 Bde.
Mit Supplement u. Register. Cassel u. Lpzg. 1876—82. Eleg. Lwdbd.
wie neu. (Supplement br) (18 _ℳ_)   10. 50
1233 — **Müller,** Franz, Richard Wagner und das Musik-Drama. Ein
Charakterbild. Lpzg. 1861. (3 _ℳ_)   1. —
1234 — — Tristan und Isolde nach Sage und Dichtung. Zur Einführung
in das Drama Richard Wagners. München 1865. (3 _ℳ_)   1. 50
1235 — **Pohl,** R, Richard Wagner. Studien u Kritiken. Lpzg.1883. (7! _ℳ_) 1. 50
1236 **Wallon,** H, Jeanne d'Arc. Edit. illustrée d'après les monuments
de l'art depuis les 15e siècle jusqu'à nos jours 4. Paris 1876 Neu. 24. —
    Ein vorzügliches Prachtwerk, geschmückt mit 14 brillanten Farbendrucken.
1237 **Walther,** JohGfr, musicalisches Lexicon od. musicalische Bibliothec.
Lpzg. 1732. Frzbd.   Selten.   3. —
1238 **Warren,** Ed de, L'Inde anglaise. Trad. de l'angl. 6 vols 1844.   1. 20
1239 **Wasielewski,** JW v., Robert Schumann. Eine Biographie. Mit
2 Portrs. 2. Aufl. Dresden 1869. (6 _ℳ_)   2. 50
1240 **Weber,** EW, der Freundschaftsbund Schillers und Goethes.
Weim. 1854.   — 50
1241 **Weber,** Max Maria, Carl Maria von Weber. Ein Lebensbild.
3 Bde. M. Portr Lpzg. 1864—66. (20! _ℳ_)   8. —
1242 **Weilen,** Jos, Tristan. Romant. Tragoedie. Bresl. 1860.   1. —
1243 **Weimars Album** zur IV. Säcularfeier der Buchdruckerkunst. M. Kpfrn.
Lex.-8. Weimar 1840. Ppbd. M. viel. Beitr. zur Goethe-Schiller-Literatur. 4. —
1244 **Weiss,** Ch, L'Espagne depuis le règne de Philippe II. jusqu'à l'avé-
nement des Bourbons. 2 vols Paris 1844. (15 Frs)   4. 50
1245 **Weissenhorst,** O v., Studien in der Geschichte des polnischen Volkes.
2 Bde. Zürich 1850.   2. —
1246 — — Der moralpolitische Antagonismus unserer Zeit. 2 Bde. Ebds.
1854.   1. 50
1247 **Wenig,** Chr, Denkschrift auf Goethe. Weim. 1849. Lwdbd.   1. 50
1248 **Wey,** Francis, Remarques sur la langue française au 19. siècle, sur le
style et la composition littéraire. 2 vols. Paris 1845. (15 Frs)   6. —
1249 **Wieck,** Fr, Clavier u. Gesang. Didaktisches u. Polemisches. Lpzg. 1853. 1. 20
1250 **Willm,** J, Histoire de la philosophie allemande depuis Kant jusqu'à
Hegel. Ouvrage couronné 4 vols. Paris 1846—49.   12. —
1251 **Wiseman,** Miklos, Fabiola vagy a Katakombak egyhaza. Pest 1856. 1. 50
1252 **Wolf,** JH, urkundliche Chronik v. München. Bd. I. (b. z. J. 1347).
2. Aufl. München, Selbstverlag 1852. Hlwdbd.   1. 50
1253 **Wolfram von Eschenbach,** Parcival, übersetzt von San Marte
(A Schulz). 2 Bde. Lpzg. 1858. (12 _ℳ_)   5. —
1254 — — Parzival und Titurel. Uebersetzt u. erläutert v. K Simrock.
5. (neueste) Aufl. Stuttg. 1876. (10 _ℳ_)   6. —
1255 **Wolowski,** L, Etudes d'économie politique et de statistique. Paris
1848. (7½ Frs.)   1. 50
1256 **Wordsworth,** Will, Poetical works. Av. portr. Paris (Galignani). 1. 20
1257 **Wouters,** Felix, Histoire chronologique de la République et de l'Empire (1789—1815) suivie des annales Napoléoniennes depuis 1815 jusqu'à ce jour. Imp.-8. Brux. 1847. Hfrzbd.   7. —
1258 **Wronski,** Hoëne, Le destin de la France, de l'Allemagne et de la
Russie comme prolégomènes du Messianisme. Paris 1843.   3. —
1259 — — Philosophie absolue de l'histoire ou genèse de l'humanité. 2
vols. Paris 1852.   4. 50
1260 **Wurzbach** von Tannenberg, Const, bibliographisch-statist. Uebersicht
der Literatur d. österreichischen Kaiserstaates v. 1. Jänner bis 31.
December 1854. M. 57 Tabb. Wien 1856. Ppbd. m. Goldschn.   2. —
1261 **Zaydler,** Bern, Storia della Polonia fino agli ultimo tempi. 2 ti.
Firenze 1831. Hlwdbd.   6. —
1262 **Zeising,** Ad, ästhetische Forschungen. Frkft. 1855. (9 _ℳ_) Vergriffen. 3. 50
1263 **Zeiss,** Gust, Lehrbuch der allgemeinen Geschichte vom Standpunkte
der Kultur. 3 Bde. Weimar 1852—56. Ppbd. m. T. (21 _ℳ_)   4. 50
1264 — — Dasselbe. Bd. I. Geschichte des Alterthums. Ebds. 1852.   1. 50
1265 **Zimmer,** Fr, Violoncell-Schule. op. 20. Quedlinburg. (4 _ℳ_)   2. —
1266 **Zschokke,** H, Histoire de la nation suisse. Aarau 1830. Hfrzbd.   1. —

Verzeichniss No. 365 der Otto'schen Buchhandlung in Erfurt.

M. ₰

Anhang.

1267 **Les Arts Somptuaires.** Histoire de costume et de l'ameublement et des arts et industries qui s'y rattachent. Introduction et texte p. Ch Louandre, dessins de C Ciappori. 2 vols. de texte et 2 vols. de 324 planches illuminées en or et en couleurs. gr. in 4. Paris 1857 – 58. Eleg. Hmaroquinbd. Oberer Schnitt vergoldet. 300. —
Schönes Exemplar. Wichtiges und unvergleichlich schönes Prachtwerk.
Im Buchhandel vergriffen und fortwährend im Preise steigend.

1268 **Ausgaben** und Abhandlungen aus dem Gebiete der romanischen Philologie, hrsg. v. E Stengel. Heft IV. Marbg. 1883. (6 *M.*) 3. —
H Meyer, die Chanson des Saxons Joh Bodels — FW Hermanni, über den provenz.
Roman Flamenca etc.

1269 **Bartsch,** Adam, Le peintre graveur. 21 vols. Av. 76 pll. et atlas de 16 pll. gr. Fol. Nouvelle édition. Lpzg. 1866 – 76 (141½ *M.*) 80. —
Schönes, neues Exemplar des berühmten Werkes.

1270 — — Catalogue raisonné de toutes les estampes qui forment l'oeuvre de Rembrandt. 2 vols. Av. portr. et 4 pll. Lpzg. 1880. (20 *M.*) 8. —
Wiederabdruck der Ausgabe von 1797.

1271 **Barqui,** FL, architecture moderne en France. Maisons les plus remarquables des principales villes des departemens, plans coupes, élévations, details de construction etc. Av. 120 planches grav. Imp.-Fol. Paris. In Carton, neu. (120 *M.*) 30. —

1272 **Beauvoir,** B Comte de, Voyage autour du monde. Australie, Java, Siam, Canton, Pekin, Jeddo, San Francisco. Ouvrage couronné par l'Academie française. Av. beauc. de gravures sur bois et de cartes géograph. Hoch-4. Paris 1875. Prachtband, neu. 15. —

1273 **Bégin,** EA, Biographie de la Moselle, ou histoire de toutes les personnes nées dans ce département, qui se sont fait un nom. 4 vols. Metz 1829 – 32. Hlwdbd. neu. 7. —

1274 — — Histoire des sciences, des lettres, des arts et de la civilisation dans les Pays-Messin. Metz 1829. 4. —

1275 **Bida,** Alex et E Barbot, Souvenirs d'Egypte. Imp.-Fol. Paris (Lemercier). In Umschlag, neu. (54 *M.*) 15. —
Ein von zwei bedeutenden Malern in grossem Stile angelegtes Werk. Es enthält
13 Blatt Volkstypen von Alex Bida und 12 malerische Ansichten von E Barbot
in brillantem Tondruck in Lemercier's berühmter Anstalt ausgeführt.

1276 **Bonstetten,** G de, Recueil d'antiquitées suisses 3 Parties avec 67 superbes planches, dont la plupart coloriées, avec texte explicatif. Roy.-Fol. Berne et Lausanne. 1855 – 67. Cart. nouveau. (100 *M.*) 40. —
Schönes, wichtiges und seltenes Werk.

1277 **Boulart,** Raoul A, Ornithologie du Salon. Synonyme, description, moeurs, nourriture des oiseaux de volière européens et exotiques. Hoch-4. Paris 1878. Prachtband, neu. (36 *M.*) 20. —
Mit 75 Vignetten und 50 vorzüglichen Farbendrucktafeln.

1278 **La Bretagne contemporaine.** Sittes pittoresques, monuments, costumes, scènes de moeurs, histoire, légends, traditions et usages des cinq départements de cette province. Dessins d'après nature par Felix Benoist. lithogr. par les premiers artistes de Paris. gr. in Fol. Nantes (Charpentier 1866. Neu. 95. —
Ein grossartiges Ansichtenwerk, 184 vorzügliche Tondrucktafeln und 1 Karte
enthaltend.

1279 **Cahier,** Ch, Nouveaux melanges d'archéologie, d'histoire et de littérature sur le moyen âge. Curiosités mysterieuses. 4 vols. Av. beauc. de gravv et beauc. de gravv. s. b. Imp-4. Paris 1875 – 78. Neu. 128. —

1280 **Chantelauze,** R, Mémoires de Philipp de Commynes. Nouvelle édition revue sur un manuscrit inédit. Av. des notes, variants et additions, et illustré de gravures sur bois et de chromolithographies. Lex -8. Paris 1881. 15. —

1281 **Costumes** du XVIIIme. siècle, tirés des Prés-Saint-Gervais. 20 eaux fortes coloriées de A Guillaumot fils, d'après les dessins de Draner. Av. une notice sur les costumes du XVIIIme. siècle. Imp-4. Paris 1874. Neues Exemplar auf Papier vergé. 18. —

1282 **Diez,** Fr, Grammatik der romanischen Sprachen. 5. Auflage. Bonn 1882. (21 *M.*) 17. 80

(Fortsetzung auf der Rückseite des Titels.)

Verzeichniss No. 365 der Otto'schen Buchhandlung in Erfurt. 2

ℳ

1283 **Diez**, Fr, etymologisches Wörterbuch der romanischen Sprachen. 4.
(neueste) Aufl. Ebds. 1878. (18 *ℳ*) 14. 5
1284 **Romanische Forschungen.** Hrsg. von K Vollmöller. Bd. I. (bis
jetzt einziger). Lex.-8. Erlangen 1883. (15 *ℳ*) 7. 5
1285 **Jamain**, H et E Forney, Les Roses - histoire — culture — description. A. 60 chromolithographies d'après nature par Grobon et 60
gravures sur bois. 11e. édit. Lex.-8. Paris 1874. Eleg. Halbkalb-
lederband, wie neu. 15. -
1286 **Lacroix**, Paul, Le moyen âge. 4 vols. Lex.-8. Paris 1873-78. Roth.
Prachtband, wie neu. 120. -
  I. Les arts au moyen âge et à l'epoque de la renaissance. II. Moeurs usages et
      costumes. III. Vie militaire et réligieuse. IV. Sciences et lettres.
  Prachtwerk von grösster Bedeutung. Geschmückt durch 62 herrliche Farbendruck-
      tafeln und durch mehr als 1600 vorzügliche Holzschnitte.
1287 — — XVIIme. siècle. Institutions, usages et costumes Lettres
sciences et arts. France 1590—1700. 2 vols. Ouvrage illustré de 32
chromolithographies et de 550 gravures sur bois. 4. Paris 1879-81.
In rothen Pariser Original-Prachtbänden, neu. (64 *ℳ*) 40. -
1288 **Liénard**, J, Spécimens de la décoration et de l'ornementation au
XIXme siècle. Av. 125 planches. gr. in Fol. Liège 1866. Hfrzbd.
(115 *ℳ*) Ganz sauberes Exemplar des berühmten Werkes. 40. -
1289 **Mantz**, Paul, Les chefs d'oeuvres de la peinture italienne. Conten.
20 planches chromolithographiques exécutées par F Kellerhoven et
30 pll. sur bois et 40 culs-de-lampe et lettres ornées. av. texte dé-
script. Roy.-Fol. Paris 1870. Eleg. Lwdbd. neu. Prächtiges Werk. 80. -
1290 **Ménard**, René, L'art en Alsace-Lorraine. 4. Paris 1876. Original-
Prachtband, neu (50 *ℳ*) 27. -
  Schönes Werk mit 17 Radirungen, 25 Tafeln u. 317 Textholzschnitten.
1291 **Muller**, Eugène, La forêt. Son histoire — sa légende — sa vie —
son role — ses habitants. Illustr. p. Andrieux, Bellecroix, Bodmer,
Delort, Giacomelli et A., gr. sur bois p. F Méaulle. Roy.-8. Paris
1878. Prachtband, wie neu. (30 *ℳ*) 18. -
1292 **Müntz**, E, La Renaissance en Italie et en France à l'époque de
Charles VIII. Ouvrage illustré de 300 gravures dans le texte et de
38 planches tirées a part. 4. Paris 1885. Nouveau. 24. -
  Wichtiges und reich ausgestattetes Werk.
1293 **Oettinger**, EM, Moniteur des dates Biographisch-genealogisches Welt-
register, enthaltend die Personal-Akten der Menschheit. Mit allen
Supplementen von H Schramm-Macdonald. 9 Thle. in 2 Bdn.
Imp-4. Lpzg. 1869-82. (198 *ℳ*) 30. -
1294 **Palais du Louvre et des Tuileries.** Motifs de décoration intérieure
et extérieure tirés des constructions exécutées au nouveau Louvre et
au palais des Tuileries sous la direction d. M Lefuel reprod. par
les procédés perfectionés de l'heliographure de E Baldus. 140 planches. Royal-Folio. Paris. Neu. (210 *ℳ*) 50. -
1295 **Paris dans sa splendeur.** Monuments, vues pittoresques, scènes historiques, description et histoire. Dessins et lithographies par les
premiers artistes de Paris. Texte par Merimée, Saintes-Beuve, Viollet
le Duc, Lenoir et A. 3 vols Roy.-Fol. Nantes (Charpentier) 1858—65.
Neu   Eins der schönsten Werke, die je über Paris u. seine Umgebungen erschienen. 90. -
  Mit 100 meisterhaft gezeichneten lithographischen Tafeln in schönstem Tondruck.
1296 **Reiset**, Comte de, odes et usages au temps de Marie-Antoinette.
1787-93. Livre-journal de Madame Eloffe, marchande de modes.
Les amies de la Reine. — La Reine a la Conciergerie. — Sa mort.
2 vols. Illustré de 200 gravures, dont 110 grandes planches, 68 coloriées. 4. Paris 1885. Nouveau. 48. -
  Ein interessantes, wichtiges und reich ausgestattetes Werk.
1297 **Robida**, A, Les vieilles villes de Suisse. Notes et souvenirs. Ouvrage
illustré de 105 dessins à la plume reproduits en facsimile. Lex.-8.
Paris 1879. Prachtband, wie neu. 8. -
1298 **Viollet le Duc**, Habitations modernes. 2 vols. Av. 200 pll. Roy.-Fol.
Paris 1878. In 2 Lwdmappen, neu. (220 Frs.) 75. -

Ergebnis der Nachforschungen
Neue Fragen zur Weimarer Nachlaßgeschichte

von Evelyn Liepsch

Der Fund des Erfurter Angebots von *Büchern vermischten Inhalts aus Franz Liszt's Nach-lass* (*Verzeichniss No. 365 des antiquarischen Bücher-Lagers der Otto'schen Buchhandlung in Erfurt, Paulstrasse Nr. 31*, Erfurt 1887) – von dessen Existenz man bislang nichts wußte – erlaubt zusammen mit der hier veröffentlichten Liste seiner Weimarer Bücher[1] ein weitaus bestimmteres Urteil über den Leser Franz Liszt, als das bisher möglich war, und bietet der Liszt-Forschung mancherlei neue Ansatzpunkte.

Wie es zur Abgabe der Bücher kam und aus welchem Grund die angebotenen Titel von dem in Weimar verbliebenen Nachlaßbestand getrennt wurden, ist rätselhaft. In den testamentarischen Bestimmungen Liszts erscheinen keine entsprechenden Ver-fügungen.[2]

Die frühesten Zeugnisse über die Regelung des Weimarer Nachlasses Franz Liszts sind in den Akten des Großherzoglichen Hofmarschallamtes überliefert, die im Thüringischen Hauptstaatsarchiv Weimar aufbewahrt werden.

Großherzog Carl Alexander von Sachsen-Weimar-Eisenach hatte unmittelbar nach der Nachricht vom Ableben Franz Liszts in Bayreuth beschlossen, die Einrichtung seiner letzten Weimarer Wohnstätte in der Hofgärtnerei nicht zu verändern und hier ein Liszt-Museum entstehen zu lassen. Die Wohnräume waren damals sofort versie-gelt und der Obhut des Hofmarschallamtes übergeben worden. Die Verhandlungen über die Nachlaßregelung wurden in erster Linie zwischen der im Testament benann-ten Universalerbin Liszts, Carolyne von Sayn-Wittgenstein, und dem Weimarer Hof geführt. Die Fürstin lebte in Rom und bevollmächtigte den Wiener Rechtsanwalt Johann Brichta, ihre Interessen in Weimar wahrzunehmen. Am 16. August 1886 wurde Liszts Wohnung in Anwesenheit Brichtas entsiegelt, das Testament eröffnet und die von der Fürstin angeforderten Gegenstände und Schriftstücke zur Übersendung nach Rom zusammengestellt. Einige Erinnerungsgegenstände, Briefe und andere Schrift-stücke der Fürstin sowie „Noten"[3] verpackte man in Pakete und Kisten.

Auch die „vorhandenen Bücher" sollten nach Rom gehen. Doch diese „ließ sich Dr. Brichta bewegen, zurückzulassen", heißt es im Bericht von Otto Sältzer aus dem Hofmarschallamt an Carl Alexander, da sie „wohl einen erheblichen Wert nicht haben dürften"[4].

Nach dem Tod der Fürstin am 8. März 1887 übernahm ihre Tochter, die in Wien lebende Fürstin Marie von Hohenlohe-Schillingsfürst, die weiteren Nachlaßverhand-lungen. Sie kam am 22. April 1887 nach Weimar und veranlaßte einige Schenkungen, die auf Liszts Letzten Willen zurückgingen, sowie die Rückgabe bestimmter Gegen-stände und Schriftstücke an ihre ursprünglichen Besitzer. Schließlich übergab sie alle anderen in Weimar verbliebenen Nachlaßteile dem Großherzogtum Sachsen-Wei-mar-Eisenach, und Carl Alexander eröffnete am 24. Juni 1887 das Liszt-Museum.

Viele, oftmals kleinste Veränderungen in den Beständen des Liszt-Hauses sind in den Hofmarschallamtsakten protokollarisch festgehalten. Ein Nachweis über die Ab-gabe einer so umfangreichen Büchersammlung, wie sie im Verzeichnis des Erfurter Katalogs erscheint, war nicht zu ermitteln.

In den Regierungsblättern für das Großherzogtum Sachsen-Weimar-Eisenach von 1886 und 1887 sucht man vergeblich nach einer offiziellen Verfügung. Ebensowenig fand sich ein Hinweis in den Weimarer Tageszeitungen *Weimarische Zeitung* und *Deutschland*, die ansonsten erstaunlich detailliert über die Nachlaßregelung und Grün-dungsgeschichte des Liszt-Museums berichtet haben.

Zwar erscheinen auch in der Erfurter Presse die Weimarer Nachrichten über die Entstehung des Liszt-Museums, zum Erfurter Katalog der Bücher Franz Liszts führt jedoch auch hier keine Spur. Der *Allgemeine Anzeiger für Stadt und Kreis Erfurt* enthält 1887 vielfältige Angebote der Otto'schen Buchhandlung in der Paulstraße. Verschie-dene Verzeichnisse ihres reichhaltigen antiquarischen Lagers werden empfohlen – die Nr. 365 gerade nicht.

Die Recherchen in den Stadtarchiven Erfurt und Nürnberg waren gleichfalls erfolg-los. Die Geschäftspapiere der Otto'schen Buchhandlung sind in Erfurt nicht mehr nachgewiesen. Im Nürnberger Stadtarchiv wird zwar ein sogenannter „Niederlassungs-akt betr. Georg Friedrich Heinrich Schrag" verwahrt[5], jedoch enthält diese Quelle keine Hinweise auf Geschäftsverbindungen nach Erfurt.

Sicher kann man davon ausgehen, daß in den ersten Jahren nach Liszts Tod ver-schiedene Dinge auch unbemerkt aus dem Liszt-Haus verschwunden sind. Die Hof-marschallamtsakten von 1887 bis 1902 bestätigen diese Vermutung.

Als das Museum am 24. Juni 1887 eröffnet wurde, hatten zunächst drei führungs-berechtigte Personen Zugang zu den Räumen. Das waren die Hofmarschallamtsdiener Weisleder und Knabe sowie Pauline Apel, die langjährige Haushälterin Liszts auf der Altenburg und später in der Hofgärtnerei. Schon am 12. Dezember 1887 händigte man ihr auf höchsten Befehl die Schlüssel aus und gestattete ihr „alleinig das Herum-führen im Liszt-Museum"[6].

Erst am 6. Oktober 1891 wurde ein Kustos für das Haus ernannt. Carl Gille, der Jenenser Jurist und nahe Freund Franz Liszts, übernahm diese Aufgabe. Bereits in den vorangegangenen Jahren hatten er, der Weimarer Hofkapellmeister Eduard Lassen und der Hoforganist Alexander Wilhelm Gottschalg im Liszt-Haus gearbeitet, die vorgefundenen Notenmanuskripte, Briefe, gedruckten Musikalien und Bücher ge-ordnet und in Verzeichnisse aufgenommen. (Zu den Vorgängen findet man Hinweise in den Hofmarschallamtsakten, die Verzeichnisse selbst scheinen sich nicht erhalten zu haben.[7])

Da Gille in Jena wohnen blieb, war in seiner Abwesenheit nach wie vor Frau Apel als Kastellanin für das Haus und den Besucherverkehr verantwortlich. Als nach sei-nem Ableben im Jahre 1899 dem Direktor der Großherzoglichen Orchesterschule in Weimar, Carl Müllerhartung, die Oberaufsicht über das Liszt-Museum übertragen wurde, vermißte dieser bei der Übergabe des Inventars eine große Anzahl von Bü-chern. Befragungen der Pflegetochter Gilles, Anna Spiering-Gille, und Pauline Apels ergaben, daß bereits zu Gilles Zeiten Manuskripte und Bücher vermißt wurden. Sie standen damals noch in unverschlossenen Schränken und Regalen. Pauline Apel vermutete, daß sie bei Führungen von Besuchern gestohlen wurden. Sie erklärte jedoch auch, daß sie selbst „in früheren Jahren allerdings mancherlei von Liszt herrührende Sachen, von ihm geschriebene Noten etc. verkauft" habe. Sie gab am 3. Juli 1900 weiterhin zu Protokoll: „Mehr als 100 M werde ich dafür kaum vereinnahmt haben. Wie viele Gegenstände es annähernd waren, kann ich nicht sagen. Liszt selbst hatte mir mancherlei geschenkt, z. B. eine Tischglocke, eine Schreibmappe, ein Gebetbuch, Reisetaschen. Nach dem Tode Liszts ordnete Frau Fürstin Hohenlohe[8] als Universalerbin an, daß deren Jungfer Allerlei unter der Hand auf Rechnung der Frau Fürstin verkaufen solle. Hierbei habe auch ich einiges gekauft. [...] Anderes habe ich wieder verkauft. Seitdem dem Geh. Hofrat Gille die Aufsicht übertragen worden ist, habe ich kaum noch etwas verkauft, seit mehr als 6 Jahren überhaupt nichts mehr. [...] Wohin die verkauften Sachen gekommen sind, kann ich nicht angeben. Herr Ansorge hat wohl ein Konzeptbuch gekauft, welches mir Liszt ausdrücklich mit dem Bemerken geschenkt hat, dafür könne ich eventuell ein Mal ein paar Mark bekommen." Im Protokoll heißt es weiter: „Sie bemerkte noch: Viele Dinge haben der Kammerdiener Liszts, dessen Aufenthalt ich nicht kenne, Namens Mischka, und die Jungfer der Fürstin Wittgenstein, Frau Pickel (tot) auf eigne Rechnung verkauft".[9]

Auf diesem Wege werden wichtige Lebensdokumente Franz Liszts und ebenso einige seiner Bücher abhanden gekommen sein. Damit allein läßt sich das umfangreiche Bücherangebot in der Erfurter Buchhandlung nicht erklären. Es muß allerdings nicht zwangsläufig aus den Beständen der Hofgärtnerei herrühren, da Liszt in Weimar zwei Wohnungen hatte.

Von 1849 bis 1861 lebte er gemeinsam mit der Fürstin Carolyne von Sayn-Wittgenstein – bis 1859 zusammen mit deren Tochter Marie – in der Altenburg. Im Mai 1860 verließ die Fürstin Weimar und fuhr nach Rom. Liszt folgte ihr im Oktober 1861. Im Jahre 1869 kehrte er allein nach Weimar zurück und bezog die erste Etage der Hofgärtnerei in der Marienstraße 17, die Großherzog Carl Alexander für ihn eingerichtet hatte. Hier verbrachte er nun regelmäßig die Sommermonate.

In der Altenburg haben Liszt und die Fürstin eine umfangreiche Büchersammlung besessen. Als die Fürstin nach Rom fuhr, um vom Papst die Bewilligung ihrer Eheschließung mit Liszt zu erwirken, ahnte sie kaum, daß sie Weimar nie wiedersehen würde. Sie hoffte immer, mit Liszt einmal zurückzukehren. Das Schicksal des Altenburg-Inventars lag ihr deshalb sehr am Herzen.

Als im Sommer 1867 das Haus an der Jenaer Straße geräumt werden mußte, wurde mit Genehmigung der Fürstin ein Teil der Einrichtung in einer Auktion verkauft. (Es ist nicht auszuschließen, daß dabei auch einzelne Bücher waren.) Der andere Teil wurde im Haus der Rosine Walther – Weimar, Hinter dem Heumagazin H 127 – untergebracht. Darunter befanden sich mehrere Kisten mit Büchern.[10] Cosima Wagner und Eduard Liszt erhielten – offenbar später – je ein Drittel des Altenburg-Inventars. Das geht aus einem Brief Carolyne von Sayn-Wittgensteins an Franz Liszt vom 23. Januar 1869 hervor, der leider keine konkreten Angaben zum Inhalt der Erbteile enthält.[11]

Im Nachlaß von Liszts „Onkel-Cousin" Eduard Liszt, der sich heute im Burgenländischen Landesmuseum in Eisenstadt befindet, ist ein Mietvertrag zwischen Rosine

Walther und Carolyne von Sayn-Wittgenstein überliefert.[12] Eduard Liszt hatte ihn am 2. September 1867 in Weimar als Bevollmächtigter der in Rom lebenden Fürstin unterschrieben. Außerdem schloß er eine Versicherung für die in der Wohnung befindlichen Möbel, Instrumente, Bücher und Musikalien bei der Feuerversicherungsbank für Deutschland in Gotha ab.[13] Diese Versicherung wurde noch dreimal verlängert – zuletzt am 21. August 1876.[14]

Seit 1869 aber wohnte Liszt schon wieder regelmäßig in Weimar. Man kann also nicht davon ausgehen, daß er alle noch vorhandenen Bücher aus der Bibliothek der Altenburg in seine neue Wohnung in der Hofgärtnerei übernommen hat. Möglicherweise jedoch holte er sich einen kleineren Bestand aus den im Haus der Rosine Walther eingelagerten Kisten dorthin zurück. Daß ein Teil der 1886 in der Hofgärtnerei hinterlassenen Bücher ein Erscheinungsjahr vor 1861 trägt, also aus der Altenburg-Zeit stammen könnte, ist allerdings kein hinreichender Beweis für diese Vermutung.

Die im Goethe- und Schiller-Archiv aufbewahrten unveröffentlichten Briefe der Fürstin Carolyne von Sayn-Wittgenstein an Franz Liszt enthalten viele in der Liszt-Forschung noch nicht ausgewertete Hinweise zur Geschichte des Weimarer Nachlasses. Zur Frage der Bücher konnten wir bislang keinen Beleg finden.

Aus den Briefen Liszts an Baron Augusz und an die Fürstin wissen wir, daß Liszt im Jahre 1871 Bücher (im Schreiben leider ohne Titelangaben) aus Weimar in seine Wohnung nach Pest schicken ließ.[15] Stammten auch diese noch aus der Altenburg?

Der nach Liszts Tod in der Hofgärtnerei vorgefundene Bestand an Büchern mag im Gegensatz zur Bibliothek in der Altenburg relativ klein gewesen sein. Möglicherweise waren damals noch immer viele Bände aus seiner ersten Weimarer Zeit im Haus der Rosine Walther ... oder schon an einem anderen Ort in Weimar aufbewahrt?[16]

Alexander Wilhelm Gottschalg erinnert sich im Jahre 1902, daß sich der Weimarer Nachlaß „bei Liszts Tod meist nicht in der Hofgärtnerei, sondern in einem Privathause, jetzt Kunstschulstr. 5, pt.[17] befand. [...] Nach dem Tod der Fürstin [...] sind die Sachen durch die Erbin, Frau Fürstin Hohenlohe, dem Liszt-Museum überwiesen worden.“[18]

Diese Überweisung erfolgte „vertraulich", wie Marie von Hohenlohe-Schillingsfürst 1902 auf Befragen bestätigte.[19] Wahrscheinlich geschah das im April 1887, als sie nach Weimar gekommen war, um nach dem Tod der Mutter die weitere Nachlaßregelung vorzunehmen (siehe oben).

Es ist anzunehmen, daß daraufhin das „Verzeichnis der aus dem Nachlasse des verstorbenen Kammerherrn Dr. Franz v. Liszt zum Zwecke der Errichtung eines Liszt-Museums in Weimar überwiesenen Gegenstände. (1887)"[20] zusammengestellt worden ist. In diesem von Hofrevisor Neumann angefertigten Inventarium erscheinen zunächst lediglich 10 Buchtitel. Am 5. August 1887 erging der Auftrag des Hofmarschallamtes erneut an Neumann, ein „genaueres Verzeichnis der Gegenstände im Liszt-Haus" vorzulegen[21]. Im „Inventarium über die in der ehemaligen Wohnung des verstorbenen Kammerherrn Abbée [sic] Dr. Franz v. Liszt zu Weimar (Großh. Hofgärtnerei, I. Stock) vorhandenen, das Liszt-Museum bildenden beweglichen Gegenstände. Aufgenommen August 1887"[22] sind nun zu den Büchern 98 Nummern aufgelistet. Vergleicht man diese wenigen Titel mit dem umfangreichen Erfurter Katalog, stellt man fest, daß es sich hier – bis auf vereinzelte Erinnerungsgeschenke und Widmungsexemplare anderer Gattungen – vor allem um Literatur über Musik und Musiker handelt. Mehr als ein Drittel der im Erfurter Katalog angebotenen Titel dagegen gehören zur schönen Literatur und sind zudem meist französischsprachig.[23] Hat man diesen Büchern nach Liszts Tod in Weimar keine Beachtung geschenkt? Wurden sie als Nicht-Liszt-Literatur aus dem Nachlaß des Komponisten ausgesondert?

Zu dieser Vermutung kann man gelangen, wenn man weiß, daß mit der Errichtung des Liszt-Museums zielgerichtet Liszt-Literatur – Werkausgaben, Literatur von und über Liszt sowie aus seinem Umkreis – gesammelt wurde. Im November 1886 war deshalb in der *Neuen Zeitschrift für Musik* ein von Carl Gille angeregter und von Großherzog Carl Alexander unterstützter Aufruf zum „Aufbau einer vollständigen Liszt-Bibliothek" im zukünftigen Liszt-Museum erschienen. Dieser Aufruf richtete sich in erster Linie an Verleger Lisztscher Werke und war von dem „mit der Verwaltung betrauten Allgemeinen Deutschen Musikverein" unterzeichnet worden (siehe Abb. 3, S. 74).

Man könnte sich durchaus verschiedene Bilder von den Geschehnissen machen. Nach dem jetzigen Erkenntnisstand bleiben sie allenfalls vage Vermutungen.

Eine interessante Tatsache bestätigt den mehrfachen Standortwechsel der Bücher Liszts noch nach 1886, läßt aber leider auch keine Rückschlüsse auf das Erfurter Angebot zu. Adolf Mirus schreibt 1891 im Vorwort zur 3. Auflage seiner Veröffentlichung über das Weimarer Liszt-Museum: „Mancherlei aus Liszts Nachlass Herrührendes, namentlich eine große Zahl von Noten, Bücher, Bilder etc., welche auch in dem Liszt-Museum nicht untergebracht werden konnten, sind später auf höchsten Befehl an die Großherzogliche Musikschule als ‚besondere Liszt-Sammlung' zur Aufbewahrung und Benutzung überwiesen worden."[24]

In Neumanns Inventarium[25] sind mehrere Gemälde und Porträts von Liszt und anderen Komponisten mit der Bemerkung „Auf höchsten Befehl an die Großherzogliche Musikschule übergeben" gekennzeichnet. „Wieder zurück" verweist auf die Rückgabe an das Liszt-Museum – nach einer Eintragung Gilles wahrscheinlich im Jahre 1892. Bei den relativ wenigen Büchern, die in dieses Verzeichnis aufgenommen sind, findet man solche Bemerkungen nicht.

Neue Fragen entstehen: Welche Bücher wurden in die Orchesterschule gebracht? Sind auch diese wieder ins Museum zurückgelangt, oder wohin kamen sie später? Die komplizierte Geschichte der Büchersammlungen Liszts in Weimar läßt sich nur teilweise zurückverfolgen. Die Hintergründe des Erfurter Katalogs bleiben unbekannt.

Anmerkungen:

1 Siehe das *Verzeichnis der nachweislich und der wahrscheinlich aus Liszts Nachlaß stammenden Bücher*, S. 79–109, im vorliegenden Band.

2 Vgl. *Liszts Testament*, aus dem Französischen ins Deutsche übertragen und herausgegeben von Friedrich Schnapp, Weimar 1931.

3 Die in den Protokollen des Hofmarschallamtes verwendete Bezeichnung „Noten" umfaßt Manuskripte und Drucke Lisztscher Kompositionen. Man muß davon ausgehen, daß nicht selten die Bezeichnung „Bücher" ebenso vieldeutig für Druckerzeugnisse verschiedenster Art verwendet wurde.

[4] Thüringisches Hauptstaatsarchiv Weimar, Hofmarschallamt (im folgenden: HStA, HMA) 2225.

[5] Siehe den Stempel auf dem Titelblatt des Verzeichnisses Nr. 365: „Zu Bestellungen empfiehlt sich / H. Schrag's kgl. Hof-Buchhandlung / Nürnberg, Königstrasse 15.", S. 21, im vorliegenden Band.

[6] HStA, HMA 2225.

[7] Vgl. im weiteren dazu *Die Bücher Franz Liszts in der Weimarer Herzogin Anna Amalia Bibliothek* im vorliegenden Band.

[8] Ihr Name erscheint über durchgestrichenem „Wittgenstein".

[9] HStA, HMA 2225.

[10] Vgl. Mária Eckhardt u. Cornelia Knotik, *Franz Liszt und sein Kreis in Briefen und Dokumenten aus den Beständen des Burgenländischen Landesmuseums*, Eisenstadt 1983 (*Wissenschaftliche Arbeiten aus dem Burgenland* 66), S. 58–61 (Nr. 28).

[11] Stiftung Weimarer Klassik, Goethe- und Schiller-Archiv Weimar, Sign. 59/42,3.

[12] Burgenländisches Landesmuseum Eisenstadt, Inv. Nr. 50539.

[13] Ebd., Inv. Nr. 50537/1.

[14] Ebd., Inv. Nr. 50537/2–50537/4.

[15] Vgl. Mária Eckhardt, *Einleitung*, S. 12.

[16] Interessant ist in diesem Zusammenhang eine Anzeige im *Börsenblatt für den Deutschen Buchhandel* vom 3. Dezember 1887 (Nr. 79, S. 6232, Rubrik „Kataloge"). Dort heißt es: „Soeben erschien: / Katalog Nr. 97 / meines antiquarischen Bücherlagers: / Bibliotheca polonoslavica u. a. enthaltend die Bibliothek der in Weimar [recte: Rom, E. L.] verstorbenen Prinzessin Sayn-Wittgenstein, der berühmten Freundin Liszts. / Ich versende im allgemeinen dies reichhaltige 3309 Nummern umfassende Verzeichnis meines slavischen Bücherlagers nur auf Verlangen und bitte daher bei Bedarf zu bestellen. / Posen. / Joseph Jolowicz." Für diesen Hinweis (September 1997) danke ich Bettina Berlinghoff. Es bleibt der zukünftigen Forschung überlassen, dieser neuen Spur in der Überlieferungsgeschichte des Weimarer Nachlasses Liszts und der Fürstin zu folgen.

[17] Gemeint ist das Haus der R. Walther in der ehemaligen Straße Hinter dem Heumagazin.

[18] HStA, HMA 2225.

[19] Ebd.

[20] HStA, Staatsministerium, Department des Kultus (im folgenden: Dep. d. Kultus) 314.

[21] HStA, HMA 2225.

[22] HStA, Dep. d. Kultus 315; siehe auch *Die Bücher Franz Liszts in der Weimarer Herzogin Anna Amalia Bibliothek* im vorliegenden Band.

[23] Nur bei den Nummern 1–14 (siehe S. 22) handelt es sich um Liszt-Literatur, die es aber in der Hofgärtnerei bis auf Nr. 4, 9, 12 und 14 bereits als Duplikate gegeben hat. Vgl. hierzu Eckhardt, *Einleitung*, S. 14 f. (inhaltliche Statistik des Erfurter Katalogangebotes).

[24] Adolf Mirus, *Das Liszt-Museum zu Weimar und seine Erinnerungen*, Leipzig [3]1902, S. 77.

[25] HStA, Dep. d. Kultus 314.

Abb. 2: Aus dem „Inventarium über die in der ehemaligen Wohnung des verstorbenen Kammerherrn Abbée Dr. Franz v. Liszt zu Weimar [...] vorhandenen, das Liszt-Museum bildenden beweglichen Gegenstände", HStA, Dep. d. Kultus 315, Bl. 6v ff.

No.   Gegenstand.   6.

Transport
Schätzungs-
werth
Mark

Zimmer I.

63. Eine Schale von Lüneropoli mit Zigarren-, und
Aschenbecher von dem X(   )   10

64. Portrait-Medaillon Sr. K. Hoheit des Großherzog
Carl Alexander, in grauem Marmorrahmen.   1200

65. Portrait-Medaillon I. K. Hoheit der Frau
Großherzogin Sophie, ebenso.   1200

ferner an **Büchern** und
Drucksachen :

66. P. Larousse, Dictionnaire du XIX.e Siècle,
16 Bd.

67. E. Littré, Dictionnaire de la Langue Française,
5 Bd.

68. Mozin, Dictionnaire, 4 Bd.

69. Boiste, Dictionnaire universelle, 1 Bd.

70. Dictionnaire Universel des Sciences Ecclésiastiques,
2 Bd.   70

71. Stern, Geschichte der neuen Literatur, 7 Bd.
Mit Brief des Autors. Dresden 7/10. 85. (B. VII)

72. George Sand, Correspondence, 4 Bd.

73. Goethe's Werke 8/12., 1 Bd.

efde No.	Gegenstand	Versicherungs-taxe Mark

Januar I.

74. Mühlmann, lateinisch-deutsches Handwörterbuch, 1 Bd.

75. Lelandais, Choix de Prédication contemporaine, 5 Bde.

76. Rammler, Briefsteller, 1 Bd.

77. Magyar Zeneszeti Lexicon, 1 Bd. (2 Expl.) B V 54ª

78. Jul. Schuberth, Musikalisches Conversationslexikon, 1 Bd.

79. Jackson, His Presence, 1 Bd. mit Widmung und Brief d. Autors d. d. London, 5. 14. 1886.

80. Rohlfs, Abessinien, 1 Bd. B V 126

81. Jansson, du mein Kritiker, 1 Bd. B. V. 109

82. Flathe, Weltgeschichte, 2. Aufl., 1 Bd.

83. Weingartner, Sacúutala, Dichtung, 1 Bd.g B V 11?

84. G. Michell, Krug der Ehe, 1 Bd.

85. A. Wohlmuth, Newyorker Knips u. Straßenbilder, 1 Bd.

86. O. Kresse, der Verklärte, 1 Bd.

87. O. Grashoff, Erlebnisse, 1 Bd. Manuscript B V 39

30

30

lfd. No.	Gegenstand		Brandenburgische Lager Mark

Januar I.

88. De Imitatione Christi libri quatuor, 1 Bd.

89. Oedenburger Liederkranz, 1 Bdg. roth Maroquin
    BV 53

90. Liebscher, Oesterreichischer Liederkranz, 1 Bdg.

91. Lauser, die Kunst in Oesterreich und Ungarn, ...
    BV 115   1 Bd.

92. Katalog der Theilnehmer Oesterreichs an der 1885.
    Kunstausstellung in ..., 1 Bdg.

93. Konzertprogramm des Strassburger Männergesangvereins vom 3/6 1885 ...
    ... in grünem, silberbeschlagenem ...

94. Kalligraphische Gedenkurkunde des Hofkalligraphen Trautermann zum 70. Geburtstage
    Liszt's in ...

95. Heitemeyer, ... der Liebe, 1 Bd.
    BV 123

96. Allgemeiner deutscher Musikerkalender f. 1886.
    BV 192

97. Nohl, das moderne Musikdrama, 1 Bd.
    Mit Widmung des Autors, Heidelberg 21/7 87.

98. Nohl, die geschichtliche Entwickelung der Kammermusik, Braunschweig 1885. ...
    Mit Brief des Autors, Heidelberg 25/IV 85.

effr. Nr.:	Gegenstand.

Januar I.

99. Charles Beltjens, Beethoven, 1 Bd.
　　Mit Widmung des Autors. Sistarst. 2f./III. 86.

100. Stein, Kyriale sive Ordinarium Missae, Köln 1850
　　　　　　　1 ungeb. Bd.

101. Lecke, Dies irae in 12 Variationen, München 1842. d.

102. Choralbuch zu A. Knapp's Liederschatz, Stuttgart
　　　　　　1846. Lfrg. I. 　　　　　d.

103. Bierbaum, Katholisches Gesangbuch 　d.

104. Haubchoralbuch, Gütersloh 1850 　　　d.

105. Elpis Melena, Garibaldi, 1 Bd.

105ª Bogisch Mihály, Melyik a Dato di Eghyházi zene
　　　B.V. 120 　　　　　　　　　　　　1 Bd.

106. Die isländischen Briefe, Charakterbild in 3 Akten,
　　　　　　Frankfurt 1882, 1 Bd.

107. Edm. Hippeau, Heinrich VIII. und die französische
　　　　　Oper, 1 Bd. ungeb.

108. Führer durch Karlsruhe, 1 Bd.

109. Fetis, Musikalische Biographien, 8 Bde.

110. Sachse, Posaunenchoral I. Lfrg., 2 Exempl. (un.)
　　　B.V. 185

111. Halévy, Dictionnaire de Musique, 2 Bde.

Lfd. No.	Gegenstand.	Mark.
	Januar I.	
112.	Köhler, Gebäude Müller	
113.	Cantarium sancti Galli	
114.	Rehm, Cäcilia, 21 Hd. und 22 Bd.	
115.	La Musique mise à la portée de tout le Monde, 12 Hd.	
116.	Liszt, Gesammelte Schriften, 1 Bd.	
117.	Oswald, Neue Methode des Pianofortespiels	
118.	Schwarz, System der Gesangskunst	30
119.	Oulibicheff, Mozartbiographie	
120.	Schilling, Musikgeschichte	
121.	Lenz, Beethoven	
122.	Hanslick, Vom Musikalisch-Schönen	
123.	Schilling, Musiklexicon, 3 Bd.	
124.	Gaßner, Musiklexicon, 1 Bd.	
125.	Sieber, Gesangskunst, 1 Bd.	

Lfd. No.	Gegenstand.

Fascic. I.

126. Marx, Methode der Musik
  B. V. 106

127. Sowieski, Les Musiciens polonaises

128. Jahn, Mozart, 3 Bde (...)
  B. V. 186

129. Wagner, Zukunftsmusik

130. Derselbe, Brief über Franz Liszt's symphonische
  Dichtungen, mehrere Exemplare.

131. Reiche, Abhandlung über die Melodie

132. Duette

133. Winterfeld, Zur Geschichte der Tonkunst
  B. V. 178

134. Steinacker, Die Meister idealen

135. Haushalter, Geschichte des Mozartvereins
  B. V. 187

136. Schilling, Harmonielehre

137. Töpl, Akustische Briefe

138. André, Klavierbau
  B. V. 213

139. Schilling, Dr. F. Liszt's Leben und Wirken

lfd. No.	Gegenstand.	9.	Handschriftliches Logo Mark

ferner I.

140. Lobe, fliegende Blätter für Musik

141. Kempe, Franz Liszt und Richard Wagner

142. Musikalische Klassik

143. Kirchenmusik

144. Andri, die Hauptkirche

145. Weitzmann, der neue Septaccord
B. V. 111

146. Lobe, Musikalische Briefe

147. Escudier, Rossini

148. Kiesewetter, der neuen Aristogenus Käsch.

149. Kandler, Palestrina

150. Ett, Cantica sacra, 2 Bde.

151. Hamberger, Synchronistische Geschichte der Kirche
und Welt, Bd. 2. ?...........

152. Isaszkocosky, Manuale musico liturgicum
B. V. 175

153. Materialien zu einer Biographie Schubert's.

NB. Von 109. bis 153. nach den Aufzeichnungen des Hof-
organisten A. W. Gottschalg. Außer nicht angebunden.

20

Photographand.

Fraux I.

154. Eine Photographie nach Bertier's „Schüler u. Magg.
Mit Widmung Bertier's, Mai 1886.

155. Eine dergleichen „Welkom", 9. Juni 1885.

156. Zwei Stück große Photographien von Liszt
nur noch Stk. noch

157. Drei Stück dieser kleine Photographien Verschi
Seklürung (jetzt in Schaukasten III.)

158. Janka Wohl, Franz Liszt, Erinnerungen einer
B V 23° Landsmännin, 1 Bd. (Fraux bei H. Koßmsbln)

Mehr

siehe unter III. No: 332. bis 365. und 366.

(Nachher waren die Zugänge an Büchern von
Hofrath Gille irrthümlich als Vorschläge der letzte
No: sub III. eingetragen worden; das Wiederfind
nachher sich deshalb nicht, weil die Bücher den
neuen Nummern nachgeschrieben gewesen.)

W. 7. 10. 99.   Heinmann.

lfd. No:	Gegenstand.	Ausser-ordentlich-keit Werth Marke

ferner III.

23. Eine *Mappe* von *lila Sammet*, enthaltend zwei eigene *Phantasien* von Aline Hund, darunter eine, F. Liszt gewidmet.

23ᵃ. Rich. Wagner's Parsifal in hellbraunen Leder gebunden mit Widmung von Wagner. Weihnachten 77.

24. Ein *Heft*, *Holländisches Album der Tonkunst*.

25. Eine *Mappe* von elegant gepreßtem Chagrinleder, enthaltend 5 Liszt'sche Compositionen aus der *Handschrift*, der Chorgesang von C. W. Gottschalg   3

NB. Von S. K. H. dem Großherzog dem Liszt. Museum überwiesen.

25ᵃ. Photographie in Visitform, angeblich Liszt's Mutter.

26. Eine *Mappe* von blauem Seidenmoirée mit Krone, enthaltend 2 Porzella von F. Liszt, in facsimile   3
Reproduktion herausg. v. Röhl & Meiser, Leipzig.

NB. Wie zuvor.

27. Ein Band 8°, die *Bibel* von *Allioli*.
NB. Geschenk des Fürsten H. Henneg.

28. *L'Imitation de Jésus-Christ* von Lammenais, kl. 8°   3

29. *Saintes Harmonies* von J. S. Albach, 8°

lfd. No.	Gegenstände	17.	Brandvers. sicherungs- taxe Mark

Ferner III.

30. F. Liszt, Richard Wagner's Lohengrin und Tannhäuser, übersetzt von E. Weyden, 8°
NB. Geschenk von F.C. Eisen, Köln 1852.

31. L. Mastriali, Beethoven, kl. 8°

32. Ein folioband in rother Leinwand, Legende der
heil. Elisabeth in ungarischer Sprache. — 10

33. Ein folioband, Genealogie des Hauses Wettin
von Hofmeister.
NB. Geschenk des Verfassers.

34. Album mit Ansichten vom Harz
NB. Von der Stadt Ballenstädt gewidmet 1852.

35. Ein Band 8°, Shakespeare-Gallerie.
NB. Geschenk von H. Friedr. Voigt.

36. Der Oesterreichische Adelsbrief in Nachschau (1859) —

37. Eine Mappe mit dem Weimarischen Grossherzog-
brief, 1860.

38. Ein Heft mit: Dithyrambe an Liszt von Fogla, Wien
1856. und zwei Trinksprüche von Zöllner u. Holz

38ᵃ Composition Liszts, Petersburg, 3. Juni 1843, à Madame
Kalergi, Warschau (2 Blatt) — Geschenk des
Herrn Sigmund Karpeles in Ungarn (1878)

Die Bücher Franz Liszts in der Weimarer Herzogin Anna Amalia Bibliothek

von Evelyn Liepsch

Die in der Hofgärtnerei verbliebenen Bücher und Notenausgaben Liszts bilden den Grundstock der Sondersammlung „Liszt-Bibliothek" der Herzogin Anna Amalia Bibliothek in Weimar. Liszts persönlicher Büchernachlaß in dieser Sammlung soll im nachfolgenden Verzeichnis[1] weitestgehend rekonstruiert werden und den im Erfurter Katalog nachgewiesenen Bestand seiner Bücher ergänzen. Dabei beschränken wir uns auf die literarischen Werke. Der Musikaliennachlaß bleibt hier unberücksichtigt.

Schon kurze Zeit nach dem Tod Franz Liszts am 31. Juli 1886 sind seine Bücher mit Titeln verschiedener Provenienz vermischt worden und in eine Sammlung von Liszt-Büchern eingegangen, die in der Hofgärtnerei aufgebaut wurde. Der im November 1886 in der *Neuen Zeitschrift für Musik* erschienene Aufruf zum *Aufbau einer vollständigen Liszt-Bibliothek im zukünftigen Liszt-Museum* (siehe Abb. 3, S. 74) erreichte viele in- und ausländische Verleger, Buchhändler, Schüler, Freunde und Verehrer des Komponisten. Sie schickten damals zahlreiche Ausgaben Lisztscher Werke und Veröffentlichungen über Leben und Werk Franz Liszts nach Weimar.

Neben den kleineren Erwerbungen erhielt das Museum in den folgenden Jahrzehnten auch größere Nachlaßteile von Personen aus dem Weimarer Umkreis Liszts, die Manuskripte, Notendrucke und auch Bücher enthielten, so aus dem Besitz von Eduard Lassen, Alexander Wilhelm Gottschalg, Aloys Obrist, Carl Gille, Adelheid von Schorn, Marie Lipsius (La Mara) und Otto Lessmann.

Die umfangreichste Erwerbung stellte die Liszt-Bibliothek der ersten Liszt-Biographin Lina Ramann dar. Gemäß ihrer Verfügung ist die Sammlung nach ihrem Tod im Jahre 1912 dem Liszt-Museum übergeben worden.

Bis zum Beginn des Zweiten Weltkrieges wurden die Bücher zusammen mit den Notendrucken und dem handschriftlichen Nachlaß Franz Liszts im Liszt-Museum aufbewahrt und gesammelt. Während des Krieges waren diese Bestände nach den Bestimmungen des Luftschutzes gesichert untergebracht. Sie wurden später mehrfach in Weimar umgelagert und befanden sich bis zu Beginn der 50er Jahre im Wittumspalais.

Im Jahre 1954 wurde der gesamte Liszt-Nachlaß den Nationalen Forschungs- und Gedenkstätten der klassischen deutschen Literatur in Weimar, der jetzigen Stiftung Weimarer Klassik, übergeben. Die Handschriften gelangten in das Goethe- und Schiller-Archiv, die Drucke in die Institutsbibliothek. 1969 vereinigte man ihre Bestände mit den umfangreichen Sammlungen der Thüringischen Landesbibliothek

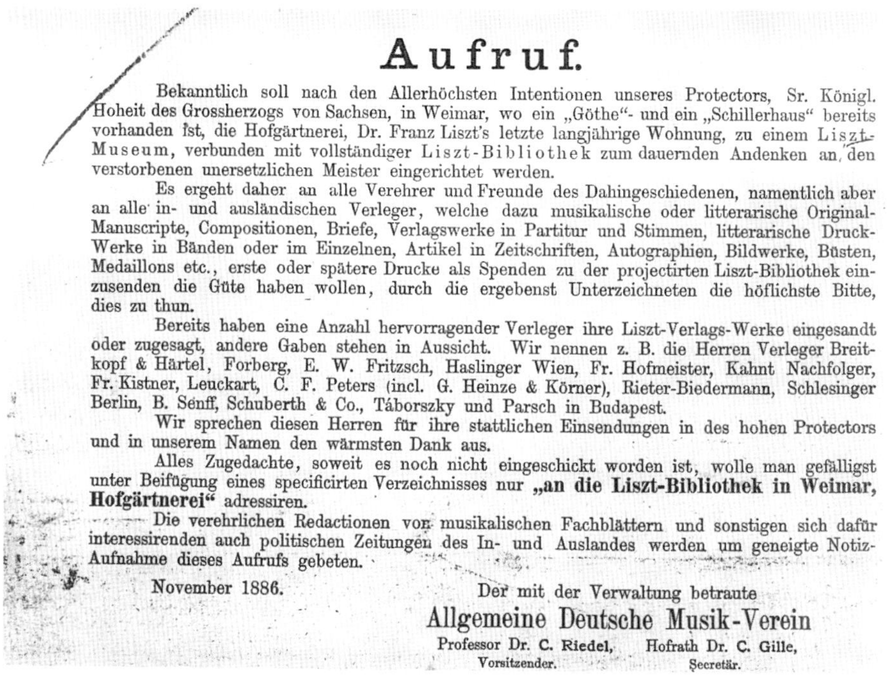

Aufruf.

Bekanntlich soll nach den Allerhöchsten Intentionen unseres Protectors, Sr. Königl. Hoheit des Grossherzogs von Sachsen, in Weimar, wo ein „Göthe"- und ein „Schillerhaus" bereits vorhanden ist, die Hofgärtnerei, Dr. Franz Liszt's letzte langjährige Wohnung, zu einem Liszt-Museum, verbunden mit vollständiger Liszt-Bibliothek zum dauernden Andenken an den verstorbenen unersetzlichen Meister eingerichtet werden.

Es ergeht daher an alle Verehrer und Freunde des Dahingeschiedenen, namentlich aber an alle in- und ausländischen Verleger, welche dazu musikalische oder litterarische Original-Manuscripte, Compositionen, Briefe, Verlagswerke in Partitur und Stimmen, litterarische Druck-Werke in Bänden oder im Einzelnen, Artikel in Zeitschriften, Autographien, Bildwerke, Büsten, Medaillons etc., erste oder spätere Drucke als Spenden zu der projectirten Liszt-Bibliothek einzusenden die Güte haben wollen, durch die ergebenst Unterzeichneten die höflichste Bitte, dies zu thun.

Bereits haben eine Anzahl hervorragender Verleger ihre Liszt-Verlags-Werke eingesandt oder zugesagt, andere Gaben stehen in Aussicht. Wir nennen z. B. die Herren Verleger Breitkopf & Härtel, Forberg, E. W. Fritzsch, Haslinger Wien, Fr. Hofmeister, Kahnt Nachfolger, Fr. Kistner, Leuckart, C. F. Peters (incl. G. Heinze & Körner), Rieter-Biedermann, Schlesinger Berlin, B. Senff, Schuberth & Co., Táborszky und Parsch in Budapest.

Wir sprechen diesen Herren für ihre stattlichen Einsendungen in des hohen Protectors und in unserem Namen den wärmsten Dank aus.

Alles Zugedachte, soweit es noch nicht eingeschickt worden ist, wolle man gefälligst unter Beifügung eines specificirten Verzeichnisses nur „an die Liszt-Bibliothek in Weimar, Hofgärtnerei" adressiren.

Die verehrlichen Redactionen von musikalischen Fachblättern und sonstigen sich dafür interessirenden auch politischen Zeitungen des In- und Auslandes werden um geneigte Notiz-Aufnahme dieses Aufrufs gebeten.

November 1886.

Der mit der Verwaltung betraute

Allgemeine Deutsche Musik-Verein

Professor Dr. C. Riedel,   Hofrath Dr. C. Gille,
Vorsitzender.   Secretär.

Abb. 3: *Neue Zeitschrift für Musik*, 53. Jg., Nr. 47, 19. November 1886, S. 508

unter dem Namen Zentralbibliothek der deutschen Klassik. 1991 wurde diese in Herzogin Anna Amalia Bibliothek umbenannt.

Bis in unsere Zeit ist die Weimarer Liszt-Bibliothek in der Herzogin Anna Amalia Bibliothek eine Sondersammlung von Liszt-Literatur und -Notenausgaben geblieben, die durch den Ankauf von Neuerscheinungen ständig vergrößert wird.

Die Schwierigkeit, persönliche Bücher Liszts in der Sammlung eindeutig festzustellen, ergibt sich aus der Tatsache, daß der im August 1886 in der Hofgärtnerei vorgefundene Nachlaß nicht gekennzeichnet wurde. Anders verfuhr man in Budapest. Hier waren alle Bücher gleich nach dem Tode Liszts gestempelt und damit als sein persönliches Eigentum nachgewiesen worden.[2] In Weimar sind schon Ende des Jahres 1886 mit dem Sammeln von Liszt-Literatur weitere, vielfach auch antiquarische „fremde" Bücher in die Hofgärtnerei gelangt. Diese Anreicherungen wurden meistens ohne

Vermerk in die Nachlaßbibliothek eingereiht. Nur in wenigen Fällen finden sich in den Bänden Hinweise zur Provenienz. (Eine prinzipielle Ausnahme bildet die Ramann-Bibliothek. Ihre Bücher sind – wenn auch später aufgeteilt und sachlich in die Liszt-Bibliothek eingegliedert – durch aufgeklebte Marken auf den Innenseiten der Bucheinbände herkunftsmäßig zugewiesen worden.)

Es war also zunächst nicht ohne weiteres möglich, die Anreicherungen – Publikationen, die in vielen Fällen schon zu Lebzeiten Liszts erschienen sind – vom ursprünglichen, persönlichen Nachlaßbestand abzugrenzen. Deshalb galt es, die frühesten Verzeichnisse über das Inventar der Wohnung Liszts in der Hofgärtnerei bzw. im Liszt-Museum ausfindig zu machen.

Die in den Hofmarschallamtsakten von 1886 und 1887 erwähnten Verzeichnisse Carl Gilles, Eduard Lassens und Alexander Wilhelm Gottschalgs über Musikalien- und Bücherbestände selbst konnten nicht ausfindig gemacht werden. Lediglich im Inventarium Nr. 315 des Hofmarschallamtes vom August 1887 (siehe unten) wird bei 45 Büchertiteln auf eine Abschrift aus den Aufzeichnungen Gottschalgs verwiesen.

Die im Jahre 1887 auf Befolgen des Hofmarschallamtes von Hofrevisor Neumann angefertigten Inventarverzeichnisse[3] sind somit die frühesten überlieferten Zeugnisse über das Inventar der Wohnung Liszts in der Hofgärtnerei. Sie dienten als Grundlage bei der Übergabe an die jeweiligen Kustoden des Museums[4], wurden von ihnen präzisiert und weitergeführt und enthalten viele Nachweise über den Ausbau der Sammlung. Die Bücher sind folgendermaßen verzeichnet:

Verzeichnis Nr. 314: „Verzeichnis der aus dem Nachlasse des verstorbenen Kammerherrn Dr. Franz v. Liszt zum Zwecke der Errichtung eines Liszt-Museums in Weimar überwiesenen Gegenstände. (1887)"[5]

    unter: „I. Bücher" Nr. 1–10

Verzeichnis Nr. 315: „Inventarium über die in der ehemaligen Wohnung des verstorbenen Kammerherrn Abbée Dr. Franz v. Liszt zu Weimar (Großh. Hofgärtnerei, I. Stock) vorhandenen, das Liszt-Museum bildenden beweglichen Gegenstände. Aufgenommen August 1887"[6]

    unter: „I. Im Salon." / „ferner I." / „ferner an Büchern und Drucksachen:"
    Nr. 66–153 (= 89 Titel)
    „NB. Von 109. bis 153. nach den Aufzeichnungen des Hoforganisten A. W. Gottschalg."

    „III. Im ehemaligen Speisezimmer." / „ferner III."
    Nr. 23a (spätere Eintragung) und Nr. 27–35
    (Nr. 27–35 stimmen mit 9 Titeln aus I. Nr. 1–10 im Verzeichnis Nr. 314 überein)

Verzeichnis Nr. 316[7] = Abschrift von Nr. 315 mit späteren Bemerkungen und Zusätzen

Diese Verzeichnisse liefern die bestimmenden Kriterien für die Abgrenzung der aus dem Besitz Franz Liszts stammenden Bücher. Die darin aufgenommenen 100 Titel wurden in der Sondersammlung „Liszt-Bibliothek" der Herzogin Anna Amalia Bibliothek zum größten Teil identifiziert – die dort nicht vorgefundenen Titel aus dem Verzeichnis Nr. 315 sind im Anhang an das folgende Bücherverzeichnis[8] aufgelistet (vgl. auch Abb. 2, S. 63–72).

Die Sondersammlung enthält neben diesen Büchern ca. 200 weitere Titel, die ein Erscheinungsjahr bis 1886 tragen und somit zunächst als Bücher Liszts in Frage kommen. Viele Titel in dieser Kategorie konnten durch die Neuerwerbungslisten Gilles und Obrists in den Verzeichnissen Nr. 315 und 316 sofort gestrichen werden. Andere Titel erwiesen sich nach dem Studium der Akten des Institutsarchivs zum Liszt-Haus als spätere Schenkungen und Ankäufe. Hinweise fanden sich u. a. in den Aufzeichnungen von Aloys Obrist (Verzeichnis von Büchern, Broschüren und Zeitschriften) und von Alexander Wilhelm Gottschalg (Verzeichnis von Ausgaben Lisztscher Werke, die Verleger an das Museum sandten).[9]

Schließlich scheiden jene Bücher aus, die andere Herkunftszuweisungen oder Bemerkungen und Notizen von fremder Hand enthalten.

Die nunmehr verbleibenden Titel wurden in unser Bücherverzeichnis aufgenommen, weil sie möglicherweise – in den meisten Fällen sogar sehr wahrscheinlich – Liszt gehörten. Sie weisen eine enge oder weitere Beziehung Liszts zum Verfasser, zum Titel bzw. zum Anlaß der Veröffentlichung auf. (Diese Titel erscheinen in unserem Verzeichnis als nicht eindeutig nachweisbare Liszt-Bücher nach den eingeklammerten Numerierungen.)

Zusammenfassend seien die Charakteristika und Nachweise genannt, wonach die aus dem persönlichen Nachlaß stammenden Bücher Liszts bestimmt und im nachfolgenden Verzeichnis erfaßt wurden.

1. 100 Titel in den Verzeichnissen Nr. 314 und 315 des Hofmarschallamtes;

2. Titel, die in Briefen und Notizbüchern Franz Liszts als Eigentum des Komponisten nachgewiesen sind bzw. einen unmittelbaren Zusammenhang mit Nachlaßdokumenten im Liszt-Bestand des Goethe- und Schiller-Archivs aufweisen;

3. Bücher mit eigenhändigen Notizen, Bemerkungen und Markierungen Liszts (Verzeichnis-Nr. 8, 23, 26, 47, 49, 54, 67, 68, 70, 73, 74, 87, 88, 102, 103, 110, 114, 128, 132, 140, 141, 146, 147, 174);

4. Bücher mit handschriftlicher Widmung an Liszt (Verzeichnis-Nr. 2, 3, 13, 15, 24, 38, 46, 58, 59, 70, 84, 101, 109, 117, 133, 136, 139, 146, 148, 149, 162, 163, 169, 172, 179);

5. Bücher mit gedruckter Widmung an Liszt (Verzeichnis-Nr. 36, 46, 80, 167, 173, 182);

6. Bücher aus den Nachlässen von Bezugspersonen Liszts, die ihn als ehemaligen Besitzer ausweisen.

Zu Letztgenanntem gehören 7 Bücher aus der Ramann-Bibliothek, die im handschriftlichen Katalog Lina Ramanns: *Liszt-Bibliothek L. Ramann's dem Liszt-Museum zu Weimar zum Vermächtniss*[10] unter der separaten Rubrik *F. Schriften, die Liszt auf Reisen begleitet, und von ihm Bemerk., angestrichene Stellen etc. enthalten*[11] hervorgehoben sind (siehe Abb. 4, S. 78).

Ein lebendiges Beispiel der Nachlaßüberlieferung: Bücher, die Liszt mit Behutsamkeit und großem Interesse gelesen und für wert befunden hat, an seine Freunde und Schüler weiterzureichen, gelangten durch sie an ihren Platz in einer Liszt-Bibliothek zurück.

Anmerkungen:

[1] *Verzeichnis der nachweislich und der wahrscheinlich aus Liszts Nachlaß stammenden Bücher* im vorliegenden Band.

[2] Vgl. die *Einleitung* von Mária Eckhardt im vorliegenden Band.

[3] HStA, Dep. d. Kultus 314–316.

[4] 1891 an Carl Gille, 1899 an Carl Müllerhartung, 1902 an Aloys Obrist, 1910 an Peter Raabe und 1929 an Erich Schuchort.

[5] HStA, Dep. d. Kultus 314.

[6] Ebd. 315; siehe Abb. 2, S. 63–72, im vorliegenden Band.

[7] Ebd. 316.

[8] Siehe S. 108 f. im vorliegenden Band.

[9] Goethe- und Schiller-Archiv Weimar, Institutsarchiv, Goethe-Nationalmuseum 334 und 337.

[10] Goethe- und Schiller-Archiv Weimar, Sign. 60/Z 56.

[11] Die Titel erscheinen unter den Nummern 8, 23, 49, 54, 87, 88, 140 im *Verzeichnis der nachweislich und der wahrscheinlich aus Liszts Nachlaß stammenden Bücher*, S. 79 ff., im vorliegenden Band. Die Nummern 23 und 49 enthalten eigenhändige Widmungen Franz Liszts an Lina Ramann.

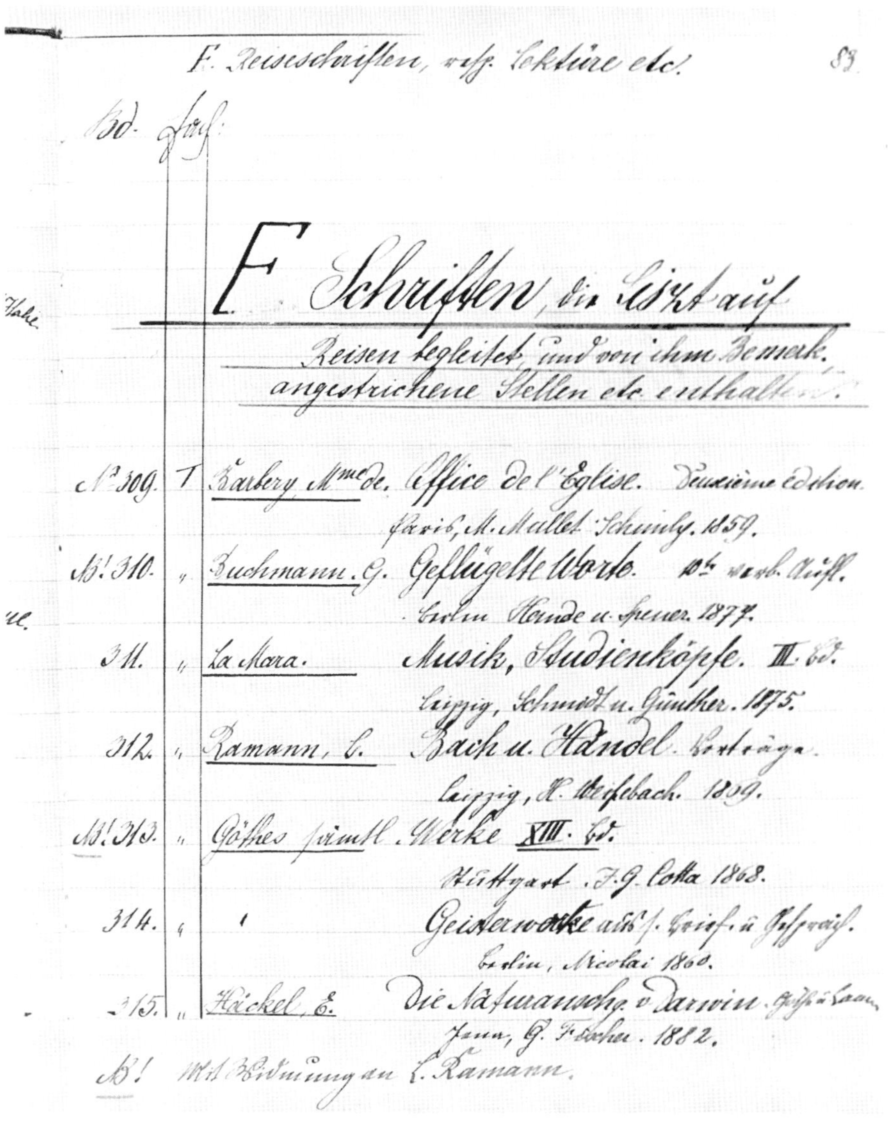
F. Reiseschriften, resp. Lektüre etc. 83

Bd. [illegible]

F. Schriften, die Liszt auf Reisen begleitet, und von ihm Bemerk. angestrichene Stellen etc. enthalten.

No 309. 1 Barbey Mme de. Office de l'Église. Deuxième Edition. Paris, M. Mallet-Schmitz. 1859.
Nb! 310. 1 Buchmann. G. Geflügelte Worte. 10te verb. Aufl. Berlin Haude u. Spener. 1877.
311. 1 La Mara. Musik. Studienköpfe. III. Bd. Leipzig, Schmidt u. Günther. 1875.
312. 1 Ramann, L. Bach u. Händel. Vorträge. Leipzig, H. Weißbach. 1869.
Nb! 313. 1 Göthes sämtl. Werke XIII. Bd. Stuttgart. J.G. Cotta 1868.
314. 1 Geisterworte [illegible] Berlin, Nicolai 1860.
315. 1 Häckel, E. Die Naturansch. v. Darwin. Goethe u. Lamarck. Jena, G. Fischer. 1882.
Nb! Mit Widmung an L. Ramann.

Abb. 4: Katalog der Liszt-Bibliothek Lina Ramanns im Liszt-Bestand des Weimarer Goethe- und Schiller-Archivs (GSA, Sign. 60/Z56), S. 83: „F. Schriften, die Liszt auf Reisen begleitet, und von ihm Bemerk., angestrichene Stellen etc. enthalten.“

Verzeichnis der nachweislich und der wahrscheinlich aus Liszts Nachlaß stammenden Bücher*

[1.]   [Accademia del R. Istituto musicale di Firenze]
Atti dell' Accademia del R. Istituto musicale di Firenze. Anno vigesimoterzo. Firenze 1885. L 235

Agoult, Marie d': siehe Stern, Daniel und Duverger, Jacques

2.   Albach, J[oseph] S[tanislaus]:
Saintes harmonies. Prières pour des chrétiens catholiques. Traduit de l'allemand par T. Opitz. Vienne [o. J.]. L 584

3.   *Album mit Ansichten vom Harz. Geschenk der Stadt Ballenstedt.* Berlin 1852. L 1855

4.   [Amsterdamer Gesellschaft zur Förderung der Tonkunst]
Handelingen van de vijf en twintigste algemeene vergadering der maatschappij: Tot bevordering der toonkunst, gehouden te Amsterdam, op den 22sten Augustus, 1854. Amsterdam 1854. L 601

5.   [Amsterdamer Gesellschaft zur Förderung der Tonkunst]
Wetten der Maatschappij: Tot bevordering der Toonkunst, vastgesteld ter zeventiende algemeene vergadering, XXIV Augustus, 1846. Amsterdam [o. J.]. L 602

6.   André, C[arl] A[ugust]:
Der Clavierbau in seiner Geschichte, seiner technischen und musikalischen Bedeutung. Offenbach am Main 1855. L 245

[7.]   Bach, Carl Philipp Emanuel:
Versuch über die wahre Art das Clavier zu spielen. 3. [...] vermehrte Auflage. 1. Theil. Leipzig 1787. 2. Theil. Leipzig 1797. L 205

---

*   Die wahrscheinlich aus Liszts Besitz stammenden Nummern erscheinen in Klammern (siehe auch S. 73–78 im vorliegenden Band); die Signaturengruppe L bezeichnet die Sondersammlung „Liszt-Bibliothek" der Herzogin Anna Amalia Bibliothek in Weimar.

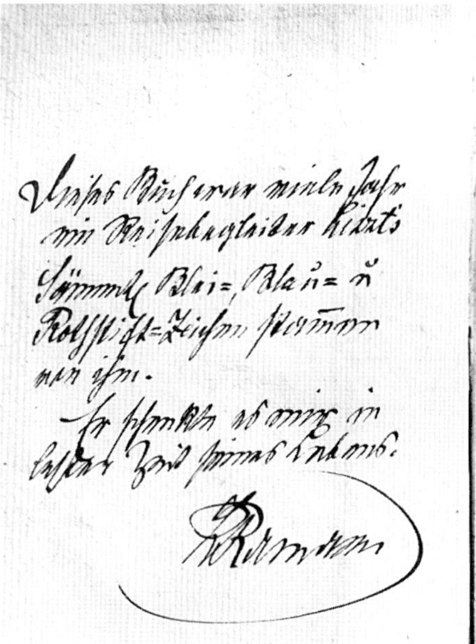

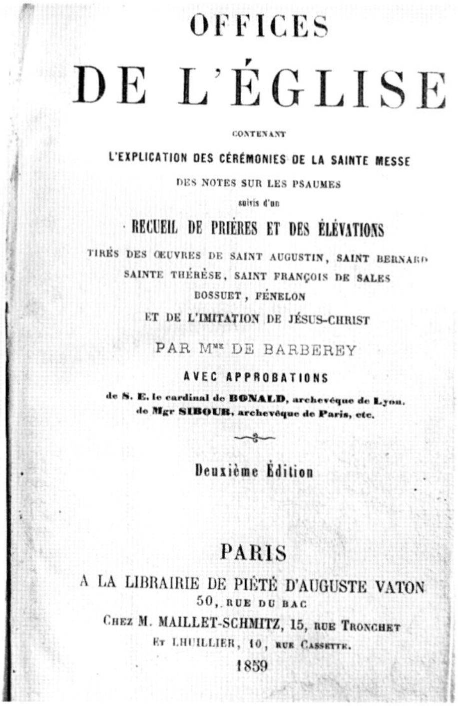

OFFICES
DE L'ÉGLISE
CONTENANT

L'EXPLICATION DES CÉRÉMONIES DE LA SAINTE MESSE

DES NOTES SUR LES PSAUMES

suivis d'un

RECUEIL DE PRIÈRES ET DES ÉLÉVATIONS

TIRÉS DES ŒUVRES DE SAINT AUGUSTIN, SAINT BERNARD
SAINTE THÉRÈSE, SAINT FRANÇOIS DE SALES
BOSSUET, FÉNELON
ET DE L'IMITATION DE JÉSUS-CHRIST

PAR Mᵐᵉ DE BARBEREY

AVEC APPROBATIONS

de S. E. le cardinal de BONALD, archevêque de Lyon.
de Mgr SIBOUR, archevêque de Paris, etc.

Deuxième Édition

PARIS

A LA LIBRAIRIE DE PIÉTÉ D'AUGUSTE VATON
50, RUE DU BAC
CHEZ M. MAILLET-SCHMITZ, 15, RUE TRONCHET
ET LHUILLIER, 10, RUE CASSETTE.
1859

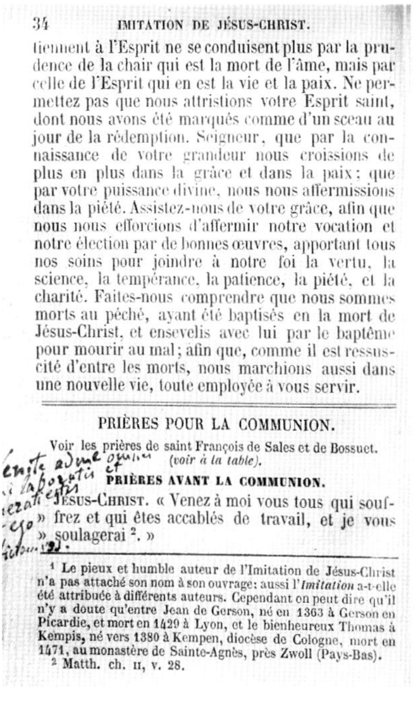

---

34 IMITATION DE JÉSUS-CHRIST.

tiennent à l'Esprit ne se conduisent plus par la prudence de la chair qui est la mort de l'âme, mais par celle de l'Esprit qui en est la vie et la paix. Ne permettez pas que nous attristions votre Esprit saint, dont nous avons été marqués comme d'un sceau au jour de la rédemption. Seigneur, que par la connaissance de votre grandeur nous nous croissions de plus en plus dans la grâce et dans la paix; que par votre puissance divine, nous nous affermissions dans la piété. Assistez-nous de votre grâce, afin que nous nous efforcions d'affermir notre vocation et notre élection par de bonnes œuvres, apportant tous nos soins pour joindre à notre foi la vertu, la science, la tempérance, la patience, la piété, et la charité. Faites-nous comprendre que nous sommes morts au péché, ayant été baptisés en la mort de Jésus-Christ, et ensevelis avec lui par le baptême pour mourir au mal; afin que, comme il est ressuscité d'entre les morts, nous marchions aussi dans une nouvelle vie, toute employée à vous servir.

PRIÈRES POUR LA COMMUNION.

Voir les prières de saint François de Sales et de Bossuet.
(voir à la table).

PRIÈRES AVANT LA COMMUNION.

JÉSUS-CHRIST. « Venez à moi vous tous qui souffrez et qui êtes accablés de travail, et je vous » soulagerai [2]. »

[1] Le pieux et humble auteur de l'Imitation de Jésus-Christ n'a pas attaché son nom à son ouvrage: aussi l'*Imitation* a-t-elle été attribuée à différents auteurs. Cependant on peut dire qu'il n'y a doute qu'entre Jean de Gerson, né en 1363 à Gerson en Picardie, et mort en 1429 à Lyon, et le bienheureux Thomas à Kempis, né vers 1380 à Kempen, diocèse de Cologne, mort en 1471, au monastère de Sainte-Agnès, près Zwoll (Pays-Bas).
[2] Matth. ch. II, v. 28.

Abb. 5: Hélène de Barberey, *Offices de l'église* [...] *suivis d'un recueil de prières et des élévations* [...], Paris 1859 (siehe Nr. 8, S. 81). – Exemplar aus der Ramann-Bibliothek – ursprüngliche Nr. 309 – mit Annotationen und Markierungen Liszts.

8.   Barberey, [Hélène] de:
         Offices de l'église [...] *suivis d'un recueil de prières et des élévations* [...]. Ed. 2me.
         Paris 1859. L 455

[9.]   *Bayreuther Blätter*. Monatsschrift des Bayreuther Patronatvereines. Unter Mit-
         wirkung Richard Wagner's red. von Hans von Wolzogen. 5. Jg. (1882),
         3. Stück, März. L 238

[10.]   *Bayreuther Blätter*. Monatsschrift, unter der Redaktion von Hans von Wol-
         zogen hrsg. vom Allgemeinen Richard Wagner-Verein, 7. Jg. (1884), 6. Stück.
         L 239

         Dass. 8. Jg. (1885), 7. u. 8. Stück. L 240

[11.]   Berlioz, Hector:
         La damnation de Faust. Légende en quatre parties. Paris 1846. [Textbuch].
         L 190

[12.]   Beurmann, Eduard:
         Franz Liszt. Hamburg [1843]. (*Unsere Zeit. In Biographien und Bildnissen*, Bd. 1).
         L 47

13.   Bogisich, Mihály:
         Melyik a valódi egyházi zene? Budapest 1878. L 145

14.   Boiste, P[ierre]-C[laude]-V[ictor]:
         Dictionnaire universel de la langue francaise, avec le latin et l'étymologie [...].
         Ed. 15me. Paris 1866. L 258

15.   Bourbon, Isabelle de:
         Méditations chrétiennes, publiées de nouveau par les soins de Madame la Du-
         chesse de Ratibor. Berlin 1869. L 154

[16.]   Brendel, Franz:
         Franz Liszt als Symphoniker. Leipzig 1859. L 68

[17.]   Brendel, Franz:
         Geschichte der Musik. 2. Auflage. Bd. 2. Leipzig 1855. L 212

[18.]   Brennglas, Adam [d. i. Adolf Glaßbrenner]:
         Berlin wie es ist und – trinkt. 14. Heft: *Franz Liszt in Berlin. Eine Komödie in 3
         Acten*. 2. Auflage. Leipzig 1847. L 275

[19.]   *Breviarium romanum. Pars hiemalis*. Michliniae [Mecheln] 1864. L 555

[20.]   *Breviarium romanum. Pars autumnalis*. Ratisbonae [Regensburg], Neo-Eboraci
         [New York] 1866. L 556

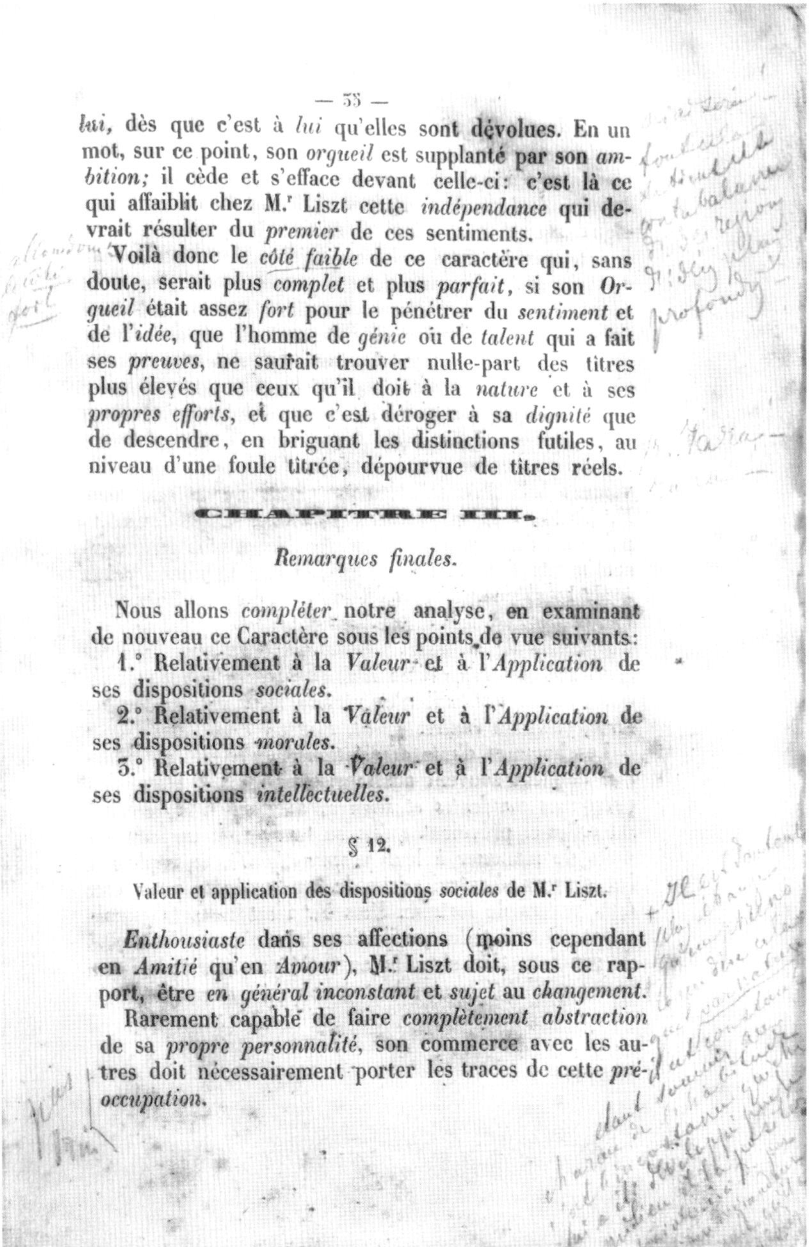

— 55 —

lui, dès que c'est à *lui* qu'elles sont dévolues. En un mot, sur ce point, son *orgueil* est supplanté par son *ambition;* il cède et s'efface devant celle-ci: c'est là ce qui affaiblit chez M.ʳ Liszt cette *indépendance* qui devrait résulter du *premier* de ces sentiments.

Voilà donc le *côté faible* de ce caractère qui, sans doute, serait plus *complet* et plus *parfait,* si son *Orgueil* était assez *fort* pour le pénétrer du *sentiment* et de l'*idée,* que l'homme de *génie* où de *talent* qui a fait ses *preuves,* ne saurait trouver nulle-part des titres plus élevés que ceux qu'il doit à la *nature* et à ses *propres efforts,* et que c'est déroger à sa *dignité* que de descendre, en briguant les *distinctions* futiles, au niveau d'une foule titrée, dépourvue de titres réels.

CHAPITRE III.

Remarques finales.

Nous allons *compléter* notre analyse, en examinant de nouveau ce Caractère sous les points de vue suivants:

    1.° Relativement à la *Valeur* et à l'*Application* de ses dispositions *sociales.*

    2.° Relativement à la *Valeur* et à l'*Application* de ses dispositions *morales.*

    5.° Relativement à la *Valeur* et à l'*Application* de ses dispositions *intellectuelles.*

§ 12.

Valeur et application des dispositions *sociales* de M.ʳ Liszt.

Enthousiaste dans ses affections (moins cependant en *Amitié* qu'en *Amour*), M.ʳ Liszt doit, sous ce rapport, être *en général inconstant* et *sujet* au *changement.*

Rarement capable de faire *complètement abstraction* de sa *propre personnalité,* son commerce avec les autres doit nécessairement porter les traces de cette *pré-occupation.*

Abb. 6: Michel-Arthur Castle, *Étude phrénologique sur le caractère originel et actuel de M.ʳ François Liszt,* Mailand 1847 (siehe Nr. 28, S. 83). – Mit Annotationen der Fürstin Carolyne von Sayn-Wittgenstein.

[21.] *Briegische Wochenschrift: Der Sammler heiterer und ernster Lectüre für Leser aus allen Ständen.* Redacteur: C. Falch. 13. Jg. (1842), Nr. 1–52 (mit: *Allgemeiner Briegischer Anzeiger*, 15. Jg., 1842, Nr. 1–52). L 301

[22.] Bronsart, Hans von:
    Musikalische Pflichten. Leipzig 1858. L 185

23. Büchmann, Georg:
    Geflügelte Worte. Der Citatenschatz des Deutschen Volks. 10. [...] vermehrte Auflage. Berlin 1877. L 456

24. Buffen, Frederick F[orster]:
    Franz Liszt. A Memoir. London und New York 1886. L 35

25. *Cäcilia, eine Zeitschrift für die musikalische Welt.* Red. von S[iegfried] W[ilhelm] Dehn. Bd. 21, Hefte 81–84. Bd. 22, Hefte 85–88. Mainz, Brüssel und Antwerpen 1842 und 1843. L 206 a, b

26. *Caecilien-Kalender für das Jahr 1879.* Red. [...] von Fr[anz] X[aver] Haberl. 4. Jg. (1879). Regensburg. L 370

[27.] Cantoli, Alessandro:
    Pio esercizio della via dolorosa del nostro signor Gesu Cristo. Ed. 2.me. Roma 1872. L 557

28. Castle, M[ichel-Arthur]:
    Étude phrénologique sur le caractère originel et actuel de Mr François Liszt. Milan 1847. L 42

29. *Le Charivari.* Année 18, No. 106–196 (16. April – 15. Juli 1849). Paris 1849. L 495 a

    Dass. Année 19, No. 1–151 (1. Januar – 31. Mai 1850) [nicht vollständig]. Paris 1850. L 495 b

[30.] Chevé, Émile [und Nanine]:
    Méthode élémentaire d'harmonie. T. 2.me. Paris 1856. L 208

[31.] *Der Chorgesang. Zeitschrift für die gesamten Interessen der Sangeskunst* [...], hrsg. von A[lexander] W[ilhelm] Gottschalg. Jg. 1886, Bd. 1, Nr. 3. Leipzig, 1. November 1885. L 84

[32.] Christern, [Johann Wilhelm]:
    Franz Liszt. Hamburg und Leipzig [1841]. L 48

[33.] *Le congrès en miniature par un diplomate. Les préliminaires du congrès.* Paris 1878. L 251

Abb. 7: János Danielik, *Magyarországi Szent Erzsébet élete*, Pest 1857 (siehe Nr. 37, S. 85). – Widmungsblatt für die österreichische Kaiserin Elisabeth, „Königin von Ungarn" („Hungarorum Reginae") und erste Textseite. (Das auch farblich schön gestaltete Buch erschien 1857, die Krönung von Elisabeth und Franz Joseph I. fand aber erst 1867 in Buda statt.)

[34.] Conti, A.:
Osservazioni sul concerto del Prof. Frederigo Consolo. 21 Marzo 1885. Firenze 1885.
L 242

[35.] [Cornelius, Peter]:
Der Freunde Klage um Julius Reubke. Geboren im Harz 1834, gestorben zu Pillnitz den 4. Juni 1858. Weimar [1858]. L 593

36. Cornelius, Peter:
Liszt. Ein Toast im Neu-Weimar-Verein den 22. Oktober, gesprochen von Peter Cornelius. Weimar [1855]. L 78

37. Danielik, János:
Magyarországi Szent Erzsébet élete. Pest 1857. L 608

38. Delacroix, Eugène:
Puget [Pierre Puget] *né en 1622, mort en 1694.* In: *Le Plutarque français.* [o. O. u. J.]. L 141

[39.] Dimmler, Hermann:
Bericht über die Thätigkeit des Philharmonischen Vereins seit seiner Gründung. Freiburg i. B. 1884. L 241

[40.] Durutte, Comte Camille:
Esthétique musicale. Technie [sic] *ou lois générales du système harmonique.* Paris 1855. L 236

[41.] Duverger, J[acques] [d. i. Marie d'Agoult]:
Notice biographique sur Franz Liszt. Extrait de la Revue générale biographique, politique et littéraire, publiée sous la direction de M. E. Pascallet. Ed. 2me.
Paris 1843. L 43

siehe auch Stern, Daniel

42. Fétis, [François-Joseph]:
La musique mise à la portée de tout le monde. Ed. 2me·. Paris 1836.
[Zusammengebunden mit:]
Stafford, [William Cooke]: *Histoire de la musique.* Traduite de l'anglais par Adèle Fétis, avec des notes, des corrections et des additions par [François-Joseph] Fétis. Paris 1832. L 219

43. Flathe, Theodor:
Allgemeine Weltgeschichte. 2. Auflage. Leipzig 1884. L 481

[44.] Franz, Robert [d. i. Olga Zielinska, bekannt als Olga Janina]:
Souvenirs d'une Cosaque. Ed. 4me. Paris 1874. L 269

siehe auch Janina, Olga

45.　　[Franz von Assisi]:
　　　　Œuvres de Saint François d'Assise [...] suivies des œuvres du bienheureux Égidius
　　　　d'Assise de celles du bienheureux Jacques de Todi [...]. Traduites par M. [Louis]
　　　　Berthaumier. Paris 1863. L 558

46.　　Freund, Sigmundus Simon:
　　　　De delirio trementi. Berolini [1844]. L 261

47.　　[Gaßner, Ferdinand Simon]:
　　　　Universal-Lexikon der Tonkunst. Neue Hand-Ausgabe in einem Band. Neu be-
　　　　arbeitet [...] von Dr. F[erdinand] S[imon] Gaßner. Stuttgart 1849. L 74

48.　　Glaire, J[ean] B[aptiste]:
　　　　Dictionnaire universel des sciences ecclésiastiques. T. 1 u. 2. Paris 1868. L 260 a, b

　　　　Glaßbrenner, Adolf siehe Brennglas, Adam

49.　　Goethe, [Johann Wolfgang von]:
　　　　Goethes Sämmtliche Werke in sechsunddreißig Bänden. Bd. 13 u. 14. Stuttgart
　　　　1868. L 459

50.　　Gozlan, L[ouis]-L[éon]:
　　　　Essai de critique musicale. Franz Liszt et ses poèmes symphoniques. Marseille 1870.
　　　　L 122

51.　　Grashof, Otto Ernst Friedrich:
　　　　Aus dem Leben eines rheinischen Malers. Köln 1869. [Manuskript]. L 51

[52.]　[Großherzogliche Orchester- und Musikschule]
　　　　Statuten der Grossherzoglichen Orchester- und Musik-Schule in Weimar. Weimar
　　　　[o. J.]. L 227

[53.]　[Großherzogliche Orchester- und Musikschule]
　　　　Zweiter Bericht der Grossherzoglichen Orchester- und Musik-Schule in Weimar über
　　　　die Schuljahre 1877–1882. Weimar 1882. L 228

54.　　Haeckel, Ernst:
　　　　Die Naturanschauung von Darwin, Goethe und Lamarck. Vortrag in der ersten
　　　　öffentlichen Sitzung der fünfundfünfzigsten Versammlung Deutscher Naturforscher
　　　　und Aerzte zu Eisenach am 18. September 1882. Jena 1882. L 461

55.　　Hanslick, Eduard:
　　　　Vom Musikalisch-Schönen. Ein Beitrag zur Revision der Aesthetik der Tonkunst.
　　　　Leipzig 1854. L 232

[56.]　*Hans von Bülow und die Berliner Kritik.* Berlin 1859. L 183

57.   Haushalter, C.:
        Geschichte des Mozart-Vereins. Denkschrift zur hundertjährigen Jubelfeier Mozarts [...]. Erfurt und Leipzig 1856. L 216

58.   *Die heilige Schrift des alten und neuen Testamentes.* Aus der Vulgata neu übersetzt und [...] erläutert von Dr. Joseph Franz Allioli. München und Landshut 1851. L 29

59.   Heitemeyer, Ferdinand:
        Harfe der Liebe zum allerheiligsten Altarssacramente. Paderborn 1880. L 148

[60.]   Hiller, Ferdinand:
        An Franz Liszt. In: *Nord und Süd. Eine deutsche Monatsschrift,* hrsg. von Paul Lindau. Bd. 2, September 1877, 6. Heft. Berlin [o.J.]. L 328

[61.]   Hiller, Ferdinand:
        Wie hören wir Musik? Leipzig 1881. L 220

[62.]   Hitz, L[uise]:
        Das Bühnenweihfestspiel und sein Meister. München 1883. L 170

63.   Hofmeister, Georg Eberhardt:
        Genealogie des Hauses Wettin. Ronneburg/Greiz 1858. L 620 gr.

64.   Hoplit [d. i. Richard Pohl]:
        Das Karlsruher Musikfest im October 1853. Leipzig 1853. L 184

        siehe auch Pohl, Richard

[65.]   *Horae Diurnae Breviarii Romani.* Editio Ratisbonensis secunda. Ratisbonae [Regensburg], Neo-Eboraci [New York], Cincinnatii 1873. L 559

[66.]   Hübner, Julius:
        Verzeichnis der Königlichen Gemälde-Gallerie zu Dresden. Wesentlich vermehrter Neudruck der 4. Auflage. Dresden 1876. L 479

67.   Hugo, Victor:
        Avant l'exil. Paris 1875. L 249

68.   Hugo, Victor:
        Religions et religion. Ed. 17me. Paris 1880. L 250

69.   [*De imitatione Christi*] [zugeschrieben: Jean Charlier de Gerson, Verfasser: Thomas a Kempis]:
        De imitatione Christi libri quatuor, multiplici lingua nunc primo impressi et quidem latina archetypi interpretationibus italica, hispanica, gallica, germanica, anglica, graeca. Cum notis et variis lectionibus curante Jo[hanne] Bapt[ista] Weigl. Solisbaci [Sulzbach/Bayern] 1837. L 114

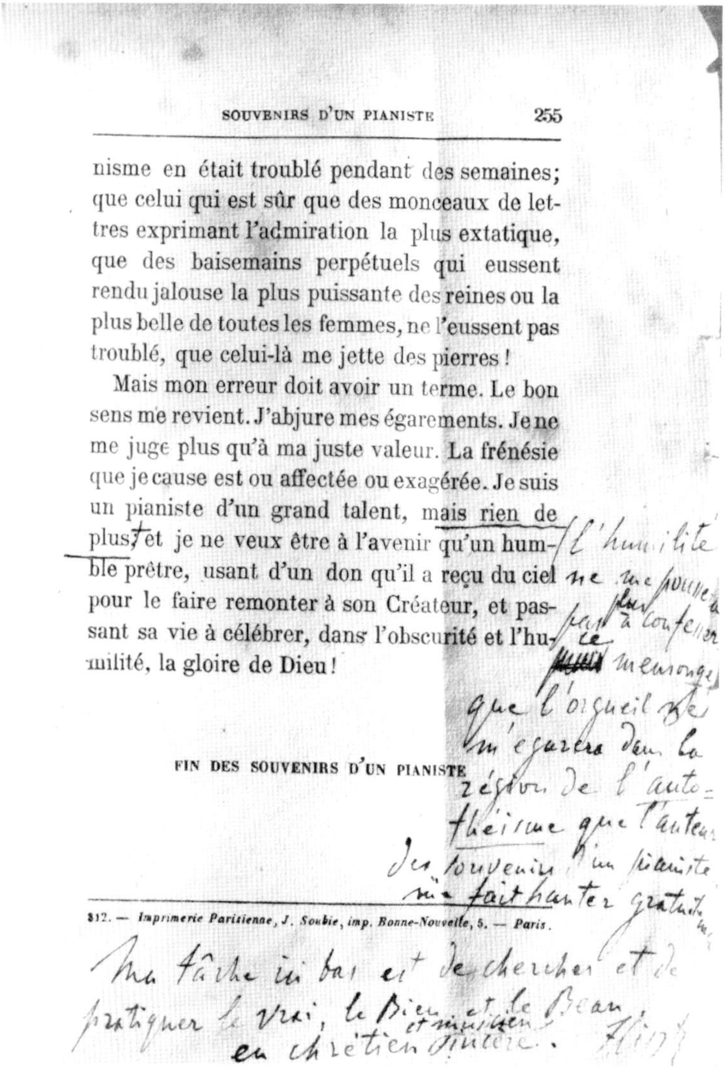

SOUVENIRS D'UN PIANISTE 255

nisme en était troublé pendant des semaines; que celui qui est sûr que des monceaux de lettres exprimant l'admiration la plus extatique, que des baisemains perpétuels qui eussent rendu jalouse la plus puissante des reines ou la plus belle de toutes les femmes, ne l'eussent pas troublé, que celui-là me jette des pierres!

Mais mon erreur doit avoir un terme. Le bon sens me revient. J'abjure mes égarements. Je ne me juge plus qu'à ma juste valeur. La frénésie que je cause est ou affectée ou exagérée. Je suis un pianiste d'un grand talent, mais rien de plus; et je ne veux être à l'avenir qu'un humble prêtre, usant d'un don qu'il a reçu du ciel pour le faire remonter à son Créateur, et passant sa vie à célébrer, dans l'obscurité et l'humilité, la gloire de Dieu!

FIN DES SOUVENIRS D'UN PIANISTE

312. — Imprimerie Parisienne, J. Soubie, imp. Bonne-Nouvelle, 5. — Paris.

l'humilité ne me pousse pas à confesser ce mensonge que l'orgueil ne m'égarera dans la région de l'autothéisme que l'auteur des souvenirs d'un pianiste m'a fait hanter gratuitement.

Ma tâche ici bas est de chercher et de pratiquer le vrai, le Bien et le Beau, en chrétien et musicien sincère. FLiszt

Abb. 8: *Souvenirs d'un pianiste, réponse aux Souvenirs d'une Cosaque,* Paris [1874] (siehe Nr. 73, S. 89). Verfasserin ist Olga Zielinska (Pseudonym Olga Janina), die bereits unter dem Pseudonym Robert Franz im Jahre 1874 *Souvenirs d'une cosaque* – eine bösartige Verleumdung der Person Franz Liszts – veröffentlichte und mit ihrem zweiten Band eine „Entgegnung" Liszts vorgab.
Liszts Kommentar auf die Bemerkung „Ich bin ein Pianist von großem Talent, aber nichts weiter [...]" (siehe Unterstreichung auf der letzten Seite 255) lautet in der sinngemäßen Übersetzung: „Die Demut drängt mich nicht, diese Lüge zu bekennen, wie der Hochmut mich nicht zur Selbstvergötterung verführen wird, womit mich der Verfasser der ‚Erinnerungen eines Pianisten' grundlos erhöht. Meine Aufgabe hier unten ist, das Richtige, das Gute und das Schöne zu suchen und zu leben, als aufrichtiger Christ und Musiker."

70. *De l'imitation de Jésus-Christ.* Traduction du P. [Jacques-Philippe] Lallemand, avec des méditations composées par feu M. l'Abbé [Auguste-Louis-Alexandre] Chesnard. Orléans und Paris 1862. L 563

71. *L'imitation de Jésus-Christ.* Traduction nouvelle [...] par M. l'Abbé F. [Hugues-Félicité-Robert] de Lamennais. Ed. 14me. Paris 1845. L 562

72. Jahn, Otto:
W. A. Mozart. 4. Theil. Leipzig 1859. L 215

73. [Janina, Olga, d. i. Olga Zielinska]:
Souvenirs d'un pianiste, réponse aux Souvenirs d'une Cosaque. Paris [1874]. L 271

siehe auch Franz, Robert

74. Janssen, Johannes:
An meine Kritiker. Nebst Ergänzungen und Erläuterungen zu den drei ersten Bänden meiner Geschichte des deutschen Volkes. Freiburg 1883. L 133

75. *Journal des débats politiques et littéraires.* August 1841, Mai – Dezember 1848, Januar – Juni 1849, Dezember 1849, Januar – Juni 1850. Paris. L 654 a–e gr.

76. *Journal de Francfort.* Année 55. No. 180–184, 194–225, 228–230, 233–246, 248–252, 254–262, 265–268, 280. Francfort 1848. L 494

[77.] [Karlsbader Musikverein]
Ausweis über den Personal- und Vermögensstand des Karlsbader Musikvereins [...] im November 1846. [o. O. u. J.]. L 606

[78.] [Karlsbader Musikverein]
Erneuerte Statuten des Karlsbader Musik-Vereins. Brüx [Most] 1853. L 596

79. *Katalog der österreichischen Theilnehmer an der internationalen Weltausstellung in Antwerpen 1885.* Wien [o. J.]. L 118

80. *Der katholische Christ. Wochenblatt für Haus und Kirche,* hrsg. vom „St.-Stefans-Vereine". Redakteur: Anton Kronperger. Nr. 15. Pest 1858. [dabei: Urkunde über Liszts Aufnahme in den Franziskanerorden, 23. Juni 1857]. L 603

Dass. L 604

81. Kempe, Friedrich:
Franz Liszt. Richard Wagner. Aphoristische Memoiren und biographische Rhapsodien. Eisleben 1852. L 595

82. Kiesewetter, Raphael Georg:
Der neuen Aristoxener zerstreute Aufsätze über das Irrige der musikalischen Arithmetik und das Eitle ihrer Temperaturrechnungen. Leipzig 1846. L 248

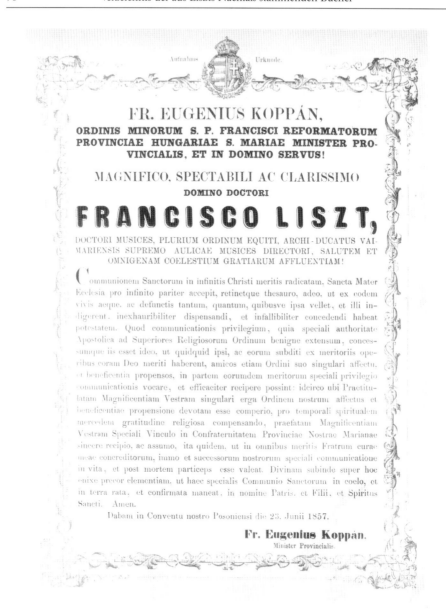

Abb. 9: Urkunde über Liszts Aufnahme in den Franziskanerorden, 23. Juni 1857, in: *Der katholische Christ. Wochenblatt für Haus und Kirche*, Pest 1858 (siehe Nr. 80, S. 89). – Ein weiteres Exemplar ist im Liszt-Bestand des Weimarer Goethe-und Schiller-Archivs (Sign. 59/131,3) überliefert.

83.   Köhler, Louis:
       Die Gebrüder Müller und das Streich-Quartett. Leipzig 1858. L 221

84.   [Königliche Akademie gemeinnütziger Wissenschaften in Erfurt]
       *Denkschrift der Königlichen Akademie gemeinnütziger Wissenschaften in Erfurt, hrsg.
       am Seculartage ihrer Gründung den 19. Juli 1854.* Erfurt 1854. L 142

85.   Kresse, Oscar:
       Der Verklärte. Leipzig 1883. L 112

[86.] Kunt, Karl:
       Ein Nachtkonzert von Liszt. [...] *Als Beitrag zur Lisztfeier am 18. März 1846.*
       (Abdruck aus der *Wiener-Zeitschrift für Kunst, Literatur, Theater und Mode*). L 61

87.   La Mara [d. i. Marie Lipsius]:
       Musikalische Studienköpfe. Bd. 3: [...] *aus der Jüngstvergangenheit und Gegenwart.
       Charakterzeichnungen von Moscheles, David, Henselt, Franz, Rubinstein, Brahms,
       Tausig, nebst den Verzeichnissen ihrer Werke.* Leipzig 1875. L 457

88.   Lancizolle, Ludwig von:
       *Geistesworte aus Goethe's Briefen und Gesprächen. Fortsetzung der Geistesworte aus
       Goethe's Werken.* Berlin 1860. L 460

89.   Larousse, Pierre:
       *Grand Dictionnaire universel du XIXe siècle français, historique, géographique,
       mythologique, bibliographique, littéraire, artistique, scientifique etc.* T. 1–16. Paris
       1866–1878. L 1851 a–q

[90.] Lasaulx, Ernst von:
       Über die theologische Grundlage aller philosophischen Systeme. München 1856.
       L 138

91.   Lauser, Wilhelm:
       Die Kunst in Österreich-Ungarn (*Jahrbuch der Allgemeinen Kunst-Chronik*). 1. Jg.
       Wien [o. J.]. L 140

92.   Lelandais, [Abbé Pierre?]:
       Choix de la prédication contemporaine [...] *par M. l'Abbé Lelandais.* Ed. 4me.
       T. 1–5. Paris 1875. L 476 a–d

[93.] [Lemberger Musikverein]
       *Statuten des von S. Majestät laut hohen Hofkanzleidekretes vom 25. August 1838
       mittelst allerhöchster Entschließung vom 14. August 1838 genehmigten Musikver-
       eins in Lemberg.* [o. O. u. J.]. L 589

94.   Lenz, Wilhelm von:
       Beethoven. Eine Kunst-Studie. 3. Theil. 1. Abtheilung. 1. Theil [...]. Hamburg
       1860. L 224

Programme.

Part I.

1. "Die heiligen drei Koenige." Orchestral Episode from the Oratorio "Christus."

2. "Die Loreley." (Words by HEINE.) Song, with Orchestral Accompaniments.

    Miss LIZA LEHMANN.

3. Concerto in E flat, for Pianoforte and Orchestra.

    Pianoforte, Herr L. EMIL BACH.

4. "Die Vaetergruft." (Words by UHLAND. English version by WM. BEATTY-KINGSTON.) Song, with Orchestral Accompaniments, specially arranged by Dr. FRANZ LISZT for this Concert, and published by Messrs. Novello, Ewer & Co.

    Mr. HENSCHEL.

TEN MINUTES' INTERVAL.

Part II.

5. "Orpheus." Symphonic Poem for Orchestra.

6. (*a*) "Du bist wie eine Blume." Song. (Words by HEINE. English version by CONSTANCE BACHE.)

  (*b*) "Comment, disaient-ils." Song. (Words by VICTOR HUGO. An English version is appended.)

    Mrs. HENSCHEL.

7. Fantasie Hongroise, for Pianoforte and Orchestra.

    Pianoforte, Herr L. EMIL BACH.

8. (*a*) "Es muss ein Wunderbares sein." Song. (Words by REDWITZ.)

  (*b*) "Angiolin dal biondo crin." Song. (Words by BOCCELLA.)

    Miss LIZA LEHMANN.

9. Arrangement of C. M. VON WEBER's Polonaise (Op. 72), for Pianoforte and Orchestra.

    Pianoforte, Herr L. EMIL BACH.

Abb. 10: Aus dem Programmbuch des Liszt-Konzertes in der St. James' Hall, London (siehe Nr. 98, S. 93), das am 9. April 1886 in Anwesenheit des Komponisten stattfand (vgl. auch Nr. 100, S. 93). – Titelblatt u. erste Seite.

Lipsius, Marie siehe La Mara

[95.]   Liszt, Franz:
Chöre zu Herders dramatischen Szenen: Der entfesselte Prometheus. Weimar [o. J.].
[Textbuch]. L 26

96.   Liszt, Franz:
De la Fondation-Goethe à Weimar. Leipzig 1851. L 10

97.   Liszt, Franz:
Gesammelte Schriften. Bd. 1: *Die Göthe-Stiftung – Chopin.* Cassel 1855. L 2

98.   *Liszt, Grand Orchestral and Vocal Concert, will be given by Herr Leonhard Emil Bach, April 9th, 1886.* Biographical Sketch, Programme and Analytical Remarks edited by William Beatty-Kingston. St. James's Hall, London [o. J.].
L 37

[99.]   Liszt, Franz:
Keine Zwischenaktsmusik mehr! Ein Votum. (*Der Sammlung: Musik und Musiker No. 5*). Berlin 1879. L 27

100.   Liszt, Franz:
The Legend of St. Elizabeth. The words translated from the German of Otto Roquette by Constance Bache. Book of words with a preface by C. A. Barry, and analytical notes by Joseph Bennett. London und New York [April 1886].
L 71

101.   Liszt, Franz:
Richard Wagner's Lohengrin und Tannhäuser. Köln 1852. L 1854

102.   Liszt, Franz:
Thematisches Verzeichniss der Werke von F. Liszt. Leipzig 1855. L 467

103.   Liszt, Franz:
Thematisches Verzeichniss der Werke, Bearbeitungen und Transcriptionen. Neue vervollständigte Ausgabe. Leipzig [1877]. L 468

[104.]   Liszt, Franz:
Über John Field's Nocturne. (Französisch und Deutsch). Hamburg, Leipzig und New York 1859. L 9

105.   Littré, É[mile]:
Dictionnaire de la langue française. T. 1–4, Supplément. Paris 1878, 1881, 1882.
L 256 a–e

106.   [Lobe, Johann Christian]:
Fliegende Blätter für Musik. Wahrheit über Tonkunst und Tonkünstler. 1. Band,
2. Heft. Leipzig 1853. 2. Band, 7. Heft. Leipzig 1856. L 76

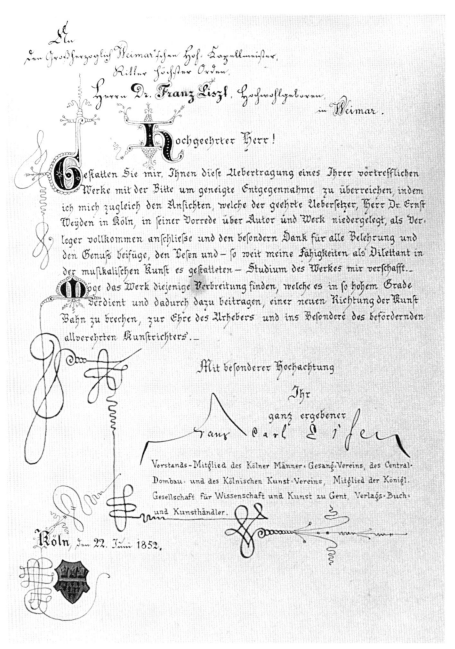

Abb. 11: Franz Liszt, *Richard Wagner's Lohengrin und Tannhäuser*, Köln 1852 (siehe Nr. 101, S. 93); Übersetzung aus dem Französischen von Ernst Weyden. – Widmungsblatt des Verlegers Franz Carl Eisen, 22. Juni 1852.

107. [Lobe, Johann Christian]:
Musikalische Briefe. Wahrheit über Tonkunst und Tonkünstler. Von einem Wohlbe-kannten. 1. Theil. Leipzig 1852. L 223

[108.] Lobstein, Ed[uard]:
J. Fr. Lobstein sen. Professor der Anatomie und Chirurgie. Ein Lehrer Goethes in Strassburg. Heidelberg 1880. L 255

109. *A Magyar Országos Zeneakadémia felállitására vonatkozó irományok.* Budapest 1873. L 155 gr.

110. *Manuel du chrétien.* Tours 1861. L 560

Dass. Tours 1867. L 561

111. Marx, A[dolf] B[ernhard]:
Die Musik des 19. Jahrhunderts und ihre Pflege. Methode der Musik. Leipzig 1855. L 130

112. Mastrigli, Leopoldo:
Beethoven. La sua vita e le sue opere. [Roma] 1886. L 34

[113.] Mérimée, Prosper:
Colomba suivi de La mosaïque et autres contes et nouvelles. Nouvelle Édition. Paris 1879. L 478

114. Mettenleiter, J. Georgius [Johann Georg]:
Enchiridion chorale, sive selectus locupletissimus cantionum liturgicarum juxta ritum S. Romanae ecclesiae per totius anni circulum præscriptarum. Ratisbonae [Regensburg] 1853. [zu Beginn Verlagsanzeigen, u. a. Joseph F. Damberger, *Synchro-nistische Geschichte der Kirche und der Welt im Mittelalter*]L 132 a, b

[115.] Miquel, J. E.:
Arithmographie musicale. Méthode de musique simplifiée par l'emploi des chiffres. Paris 1842. L 244

[116.] *Missale romanum.* Michliniae [Mecheln] 1870. L 554

117. Montalembert, Charles Forbes de Tyron, Graf von:
Histoire de Sainte Élisabeth de Hongrie. Ed. 11me. T. 1, 2. Paris 1862. L 347

118. Mozin, [Dominique Joseph und Adolphe] Peschier:
Dictionnaire complet des langues françaises et allemandes. Ed. 4me. (Nouveau ti-rage). T. 1–4, Supplément. Stuttgart 1873. L 259 a–d

[119.] *Das musikalische Deutschland des neunzehnten Jahrhunderts, eine historisch-biogra-phische, kunstwissenschaftliche, pädagogische Musikzeitschrift* [...], hrsg. [...] von J[ohann] G[ottfried] Hientzsch. 1. u. 2. Heft. Berlin 1856. L 246

Dem Herrn Dr
Franz Liszt – zum
Andenken an die
Graner Dom- Ein,
weihungs- Messe.
Den 31. August 1856.
Johann Cardinal
Scitowzky Primas
und Erzbischof
von Gran.

Abb. 12: *Paroissien romain contenant les offices de tous les dimanches et des principales fêtes de l'année en latin et en français le commun de Saints* [...], Tours 1854 (siehe Nr. 133, S. 99). – Mit eigenhändiger Widmung des ungarischen Primas und Erzbischofs Kardinal Johann (János) Scitovszky, 31. August 1856, auf dem Vorsatzblatt. – In seinem Testament äußerte sich Liszt hierüber wie folgt: „Einige mir gehörende Gegenstände, die sich auf der Altenburg befinden [...] bitte ich Carolyne, zu meinem Gedenken aufzuheben, so lange sie lebt – insbesondere die folgenden: [...] Das kleine Gebetbuch, in Elfenbein gebunden, das ich von Kardinal Scytowski, Erzbischof von Gran und Primas von Ungarn erhielt, mit meinem Namen versehen. Er sandte es mir bei Gelegenheit der ersten Aufführung meiner Messe in Gran" (*Liszts Testament*, aus dem Französischen ins Deutsche übertragen und hrsg. von Friedrich Schnapp, Weimar 1931, S. 9 f.).

120. *Musikfest in Ballenstedt unter Leitung des Herrn Hof-Capellmeister Dr. Franz Liszt. Am 22. und 23. Juni 1852.* Quedlinburg [o. J.]. [Programmheft]. L 90

[121.] *Neue Zeitschrift für Musik*, hrsg. von Franz Brendel. Bd. 40, 41 (März–Dezember 1854). Bd. 42, 43 (Januar–Dezember 1855) [nicht vollständig]. Leipzig. L 11

Dass. Bd. 53, Nr. 11, 7. 9. 1860 [enthält u. a. Franz Brendel, *Statuten des Allgemeinen deutschen Musikvereins*]. Leipzig. L 614

[122.] Neumann, W[illiam] [d. i. Artur Friedrich Bussenius]: *Die Componisten der neueren Zeit.* 16. Heft: *Franz Lißt.* Cassel 1855. L 38

[123.] Nohl, Ludwig: *Beethoven, Liszt, Wagner.* Wien 1874. L 124

[124.] Nohl, Ludwig: *Richard Wagners Bedeutung für die nationale Kunst.* Wien und Teschen 1883. L 169

[125.] Noufflard, Georges: *Hector Berlioz et le mouvement de l'art contemporain.* Ed. 2me. Paris, Florence 1885. L 191

126. *Österreichischer Liederkranz. Lieder und Chöre für die vaterländischen Mittelschulen, Lehrerbildungsanstalten und k. k. Militärinstitute* [...], hrsg. von Franz S. Liebscher. Komotau 1883. L 565

127. *Offices complets du matin et du soir pour tous les jours de l'année à l'usage de Paris.* Ed. latine. *Partie de printemps*, Paris [o. J.]; dass. *Partie d'été, partie d'automne, partie d'hiver.* L 552 a–d

128. *Officium divinum. Kalauz a keresztény katholikus magán és nyilvános isteni-szolgálatra.* Pest 1865. L 553

129. Ohswaldt, Pauline: *Neue Methode zur Erlernung des Pianofortespiels.* Berlin 1856. L 233

[130.] Ollivier, Émile: *Le Concordat et le gallicanisme.* Paris 1885. L 253

[131.] Ollivier, Émile: *Le Concordat et la séparation de l'église et de l'état.* Paris 1885. L 252

132. Oulibicheff, Alexandre: *Nouvelle Biographie de Mozart suivie d'un aperçu sur l'histoire générale de la musique et de l'analyse des principales œuvres de Mozart.* T. 2, 3. Moscou 1843. L 209 a, b

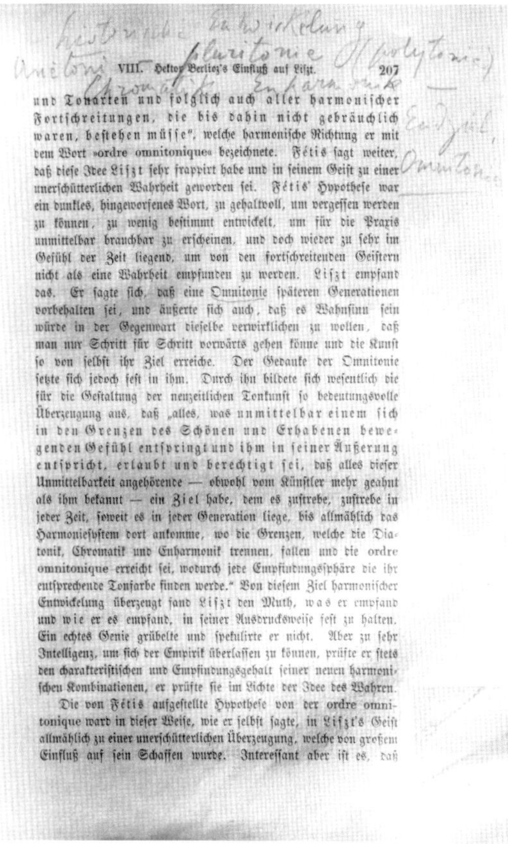

VIII. Hektor Berlioz's Einfluß auf Liszt. 207

und Tonarten und folglich auch aller harmonischer Fortschreitungen, die bis dahin nicht gebräuchlich waren, bestehen müsse", welche harmonische Richtung er mit dem Wort »ordre omnitonique« bezeichnete. Fétis sagt weiter, daß diese Idee Liszt sehr frappirt habe und in seinem Geist zu einer unerschütterlichen Wahrheit geworden sei. Fétis' Hypothese war ein dunkles, hingeworfenes Wort, zu gehaltvoll, um vergessen werden zu können, zu wenig bestimmt entwickelt, um für die Praxis unmittelbar brauchbar zu erscheinen, und doch wieder zu sehr im Gefühl der Zeit liegend, um von den fortschreitenden Geistern nicht als eine Wahrheit empfunden zu werden. Liszt empfand das. Er sagte sich, daß eine Omnitonie späteren Generationen vorbehalten sei, und äußerte sich auch, daß es Wahnsinn sein würde in der Gegenwart dieselbe verwirklichen zu wollen, daß man nur Schritt für Schritt vorwärts gehen könne und die Kunst so von selbst ihr Ziel erreiche. Der Gedanke der Omnitonie setzte sich jedoch fest in ihm. Durch ihn bildete sich wesentlich die für die Gestaltung der neuzeitlichen Tonkunst so bedeutungsvolle Überzeugung aus, daß „alles, was unmittelbar einem sich in den Grenzen des Schönen und Erhabenen bewegenden Gefühl entspringt und ihm in seiner Äußerung entspricht, erlaubt und berechtigt sei, daß alles dieser Unmittelbarkeit angehörende — obwohl vom Künstler mehr geahnt als ihm bekannt — ein Ziel habe, dem es zustrebe, zustrebe in jeder Zeit, soweit es in jeder Generation liege, bis allmählich das Harmoniesystem dort ankomme, wo die Grenzen, welche die Diatonik, Chromatik und Enharmonik trennen, fallen und die ordre omnitonique erreicht sei, wodurch jede Empfindungssphäre die ihr entsprechende Tonfarbe finden werde." Von diesem Ziel harmonischer Entwickelung überzeugt fand Liszt den Muth, was er empfand und wie er es empfand, in seiner Ausdrucksweise fest zu halten. Ein echtes Genie grübelte und spekulirte er nicht. Aber zu sehr Intelligenz, um sich der Empirik überlassen zu können, prüfte er stets den charakteristischen und Empfindungsgehalt seiner neuen harmonischen Kombinationen, er prüfte sie im Lichte der Idee des Wahren.

Die von Fétis aufgestellte Hypothese von der ordre omnitonique ward in dieser Weise, wie er selbst sagte, in Liszt's Geist allmählich zu einer unerschütterlichen Überzeugung, welche von großem Einfluß auf sein Schaffen wurde. Interessant aber ist es, daß

Abb. 13: Lina Ramann, *Franz Liszt. Als Künstler und Mensch*, Bd. 1, Leipzig 1880 (siehe auch Nr. 141, S. 99). – Handexemplar aus der Ramann-Bibliothek – ursprüngliche Nummer 225 – mit Annotationen Liszts (Exemplar im Liszt-Bestand des Weimarer Goethe- und Schiller-Archivs, Sign. 59/352,2).

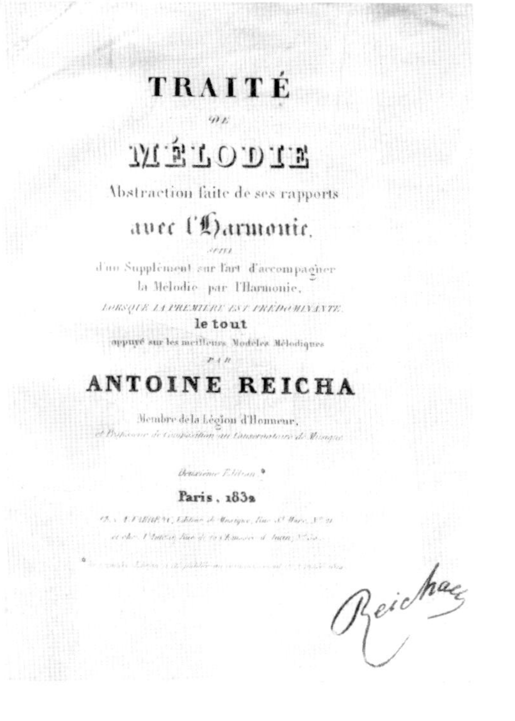

TRAITÉ

DE

MÉLODIE

Abstraction faite de ses rapports

avec l'Harmonie,

SUIVI

d'un Supplément sur l'art d'accompagner

la Mélodie par l'Harmonie,

LORSQUE LA PREMIÈRE EST PRÉDOMINANTE.

le tout

appuyé sur les meilleurs Modèles Mélodiques

PAR

ANTOINE REICHA

Membre de la Légion d'Honneur,

Deuxième Édition

Paris, 1832

Abb. 14: Antoine Reicha, *Traité de mélodie*, Paris 1832 (siehe Nr. 142, S. 99). – Mit eigenhändiger Unterschrift des Verfassers und Lehrers Liszts in Paris.

133.   *Paroissien romain contenant les offices de tous les dimanches et des principales fêtes de l'année en latin et en français le commun de Saints* [...]. Traduction nouvelle. Ed. 3me. Tours 1854. L 1853

[134.]   Pohl, Richard:
Liszt's Symphonie zu Dante's Divina Commedia. Prag 1858. L 22

Dass. überarbeitet unter dem Titel: *Einleitung zu Liszt's Dante-Symphonie* [o. O. u. J.]. L 352

[135.]   Pohl, Richard:
Meiner theuren Gattin Frau Jeanne Pohl geb. Eyth zum Gedächtniß. Baden-Baden 1870. L 254

siehe auch Hoplit

136.   Polster, Johanna:
Geschichte des Oedenburger Männergesang-Vereins „Liederkranz" von seiner Gründung im Jahre 1859 bis zu seiner Jubelfeier im Jahre 1884. Oedenburg 1885. L 72

[137.]   [Pressburger Kirchenmusikverein]
Statuten des im Jahre 1833 gegründeten Kirchenmusik-Vereins an der Dom- und Stadtpfarrkirche zum heiligen Martin in der königlichen freien Krönungsstadt Preßburg. Umgearbeitet im Jahr 1839. Preßburg 1840. *Pozsony városa* [...] *Egyházmuzsikai Egyesületnek alapszabályai*. Pozsony [Preßburg] 1840. L 600

138.   *La Presse*. Année 14, No. 4602–4689. Paris 1849. L 655 gr.

139.   Proth, Mario:
Le voyage de la délégation française en Hongrie / A franczia vendégek utazása Magyarországban. Budapest 1886. L 150

140.   Ramann, Lina:
Bach und Händel. Eine Monographie. Leipzig 1869. L 458

141.   Ramann, L[ina]:
Franz Liszt. Als Künstler und Mensch. Bd. 1. Leipzig 1880. L 661 a

142.   Reicha, Antoine:
Traité de mélodie. Abstraction faite de ses rapports avec l'harmonie. Paris 1832. L 134

[143.]   Renan, Ernest:
L'église chrétienne. Ed. 2me. Paris 1879. L 264

[144.]   *Revue du monde musical dramatique et littéraire*. Année 7, No. 16, 21–24. Paris 1884. L 243 a–e

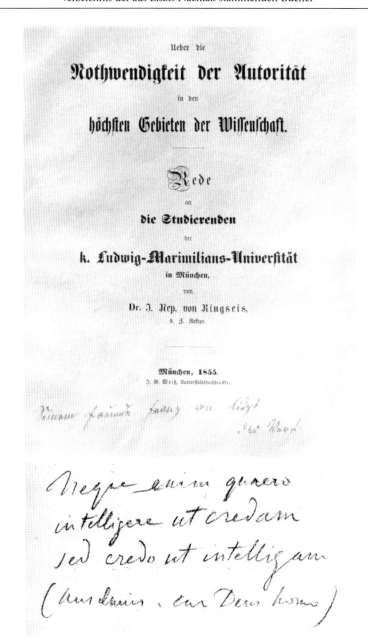

Abb. 15: Johann Nepomuk von Ringseis, *Ueber die Nothwendigkeit der Autorität in den höch-*
sten Gebieten der Wissenschaft [...], München 1855 (siehe Nr. 146, S. 101). – Titelseite mit Widmung des Verfassers sowie Liszts Bemerkung auf der Rückseite des Titelblatts über den auf
Augustinus zurückgehenden Grundsatz von Anselm von Canterbury „Credo, ut intelligam".

145.   *Revue et Gazette musicale de Paris.* Année 4, No. 4. Paris 1837. Année 5, No. 1. Paris 1838. Année 6, No. 3. Paris 1839. Année 7, No. 2. Paris 1840. Année 8, No. 1. Paris 1841. Année 11, No. 15. Paris 1844. Année 12, No. 1. Paris 1845. Année 13, No. 1. Paris 1846. Année 14, No. 1. Paris 1847. Année 15, No. 1. Paris 1848. Année 16, No. 1. Paris 1849. L 493 a–l

146.   Ringseis, J[ohann] Nep[omuk] von:
Ueber die Nothwendigkeit der Autorität in den höchsten Gebieten der Wissenschaft. Rede an die Studierenden der k. Ludwig-Maximilians-Universität in München. München 1855. L 135

Dass. 2. Auflage. München 1856. L 136

Dass. 3. [...] vermehrte Auflage. München 1856. L 137

147.   *Das römische Brevier.* Aus dem Lateinischen [...] von Marcus Adam Nickel. 2. Auflage. Wintertheil. Frankfurt am Main 1850. L 153

148.   Rohlfs, Gerhard:
Meine Mission nach Abessinien. Leipzig 1883. L 151

149.   Roselly de Lorgues, [Antoine-François-Félix]:
Christophe Colomb. Ed. 4me. T. 1. Paris 1878. L 263

150.   Sachse, C[arl] A[lbert]:
Bühnen-Manual. 1. Jahrgang. 2. [...] Auflage. Hamburg 1854. L 214

151.   Ságh, József:
Magyar zenészeti lexicon. Budapest 1879. L 231

152.   *La Sainte Bible.* Revue sur les originaux par David Martin. Bruxelles 1850. L 480

153.   Sand, George:
Correspondance. Ed. 2me. Bd. 1–4. Paris 1882–1883. L 52 a–d

[154.]   Sárosy, Gyula:
Az én Albumom. Pest 1857. L 156

[155.]   Schauer, J[ohann] K[arl]:
Geschichte der biblisch-kirchlichen Dicht- und Tonkunst und ihrer Werke. Jena 1850. L 265

[156.]   Scheffel, Victor J[oseph] von und Franz Liszt:
Der Brautwillkomm auf Wartburg im September 1873. Lyrisches Festspiel. [Textbuch und Personenzettel vom 23. September 1873]. L 339

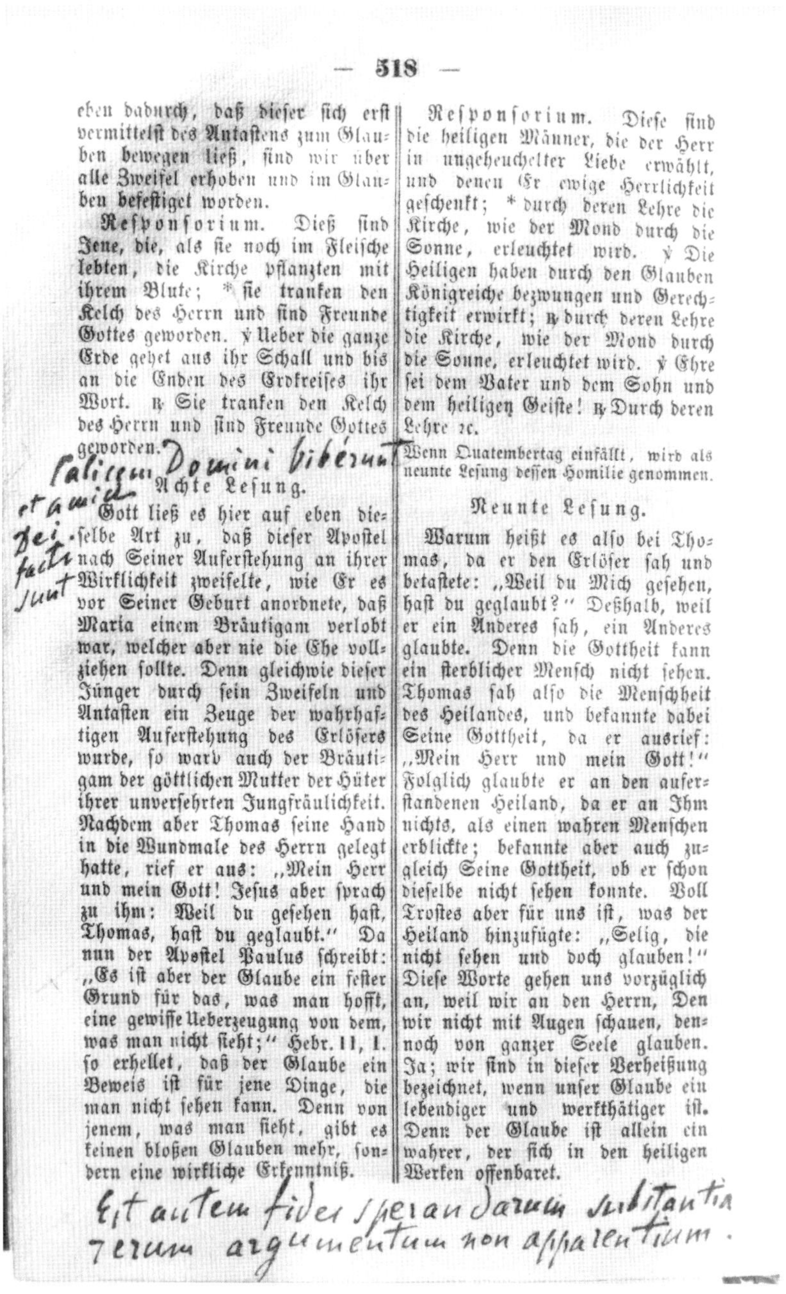

— 518 —

eben dadurch, daß dieser sich erst vermittelst des Antastens zum Glauben bewegen ließ, sind wir über alle Zweifel erhoben und im Glauben befestiget worden.

Responsorium. Dieß sind Jene, die, als sie noch im Fleische lebten, die Kirche pflanzten mit ihrem Blute; * sie tranken den Kelch des Herrn und sind Freunde Gottes geworden. ℣ Ueber die ganze Erde gehet aus ihr Schall und bis an die Enden des Erdkreises ihr Wort. ℟ Sie tranken den Kelch des Herrn und sind Freunde Gottes geworden.

[Handschrift am Rand: Calicem Domini biberunt et amici Dei facti sunt]

Achte Lesung.

Gott ließ es hier auf eben dieselbe Art zu, daß dieser Apostel nach Seiner Auferstehung an ihrer Wirklichkeit zweifelte, wie Er es vor Seiner Geburt anordnete, daß Maria einem Bräutigam verlobt war, welcher aber nie die Ehe vollziehen sollte. Denn gleichwie dieser Jünger durch sein Zweifeln und Antasten ein Zeuge der wahrhaftigen Auferstehung des Erlösers wurde, so ward auch der Bräutigam der göttlichen Mutter der Hüter ihrer unversehrten Jungfräulichkeit. Nachdem aber Thomas seine Hand in die Wundmale des Herrn gelegt hatte, rief er aus: „Mein Herr und mein Gott! Jesus aber sprach zu ihm: Weil du gesehen hast, Thomas, hast du geglaubt." Da nun der Apostel Paulus schreibt: „Es ist aber der Glaube ein fester Grund für das, was man hofft, eine gewisse Ueberzeugung von dem, was man nicht sieht;" Hebr. 11, 1. so erhellet, daß der Glaube ein Beweis ist für jene Dinge, die man nicht sehen kann. Denn von jenem, was man sieht, gibt es keinen bloßen Glauben mehr, sondern eine wirkliche Erkenntniß.

Responsorium. Diese sind die heiligen Männer, die der Herr in ungeheuchelter Liebe erwählt, und denen Er ewige Herrlichkeit geschenkt; * durch deren Lehre die Kirche, wie der Mond durch die Sonne, erleuchtet wird. ℣ Die Heiligen haben durch den Glauben Königreiche bezwungen und Gerechtigkeit erwirkt; ℟ durch deren Lehre die Kirche, wie der Mond durch die Sonne, erleuchtet wird. ℣ Ehre sei dem Vater und dem Sohn und dem heiligen Geiste! ℟ Durch deren Lehre ꝛc.

Wenn Quatembertag einfällt, wird als neunte Lesung dessen Homilie genommen.

Neunte Lesung.

Warum heißt es also bei Thomas, da er den Erlöser sah und betastete: „Weil du Mich gesehen, hast du geglaubt?" Deßhalb, weil er ein Anderes sah, ein Anderes glaubte. Denn die Gottheit kann ein sterblicher Mensch nicht sehen. Thomas sah also die Menschheit des Heilandes, und bekannte dabei Seine Gottheit, da er ausrief: „Mein Herr und mein Gott!" Folglich glaubte er an den auferstandenen Heiland, da er an Ihm nichts, als einen wahren Menschen erblickte; bekannte aber zugleich Seine Gottheit, ob er schon diese nicht sehen konnte. Voll Trostes aber für uns ist, was der Heiland hinzufügte: „Selig, die nicht sehen und doch glauben!" Diese Worte gehen uns vorzüglich an, weil wir an den Herrn, Den wir nicht mit Augen schauen, dennoch von ganzer Seele glauben. Ja; wir sind in dieser Verheißung bezeichnet, wenn unser Glaube ein lebendiger und werkthätiger ist. Denn der Glaube ist allein ein wahrer, der sich in den heiligen Werken offenbaret.

[Handschrift am unteren Rand: Est autem fides sperandarum substantia rerum argumentum non apparentium.]

Abb. 16: *Das römische Brevier*, Frankfurt am Main 1850 (siehe Nr. 147, S. 101).

[157.]   Schilling, Gustav:
          *Encyclopädie der gesammten musikalischen Wissenschaften, oder Universal-Lexikon
          der Tonkunst.* Bearbeitet von W. Fink, de la Motte Fouqué [u. a.] und dem
          Redacteur Dr. Gustav Schilling. Bd. 5. Stuttgart 1837. L 262

158.   Schuberth, Julius:
          Musikalisches Conversationslexikon. 10. Auflage. Bearbeitet von Robert Músiol.
          Leipzig [1877]. L 73

159.   *Schubertiana.* Gesammelt von Alois Fuchs [u. a.]. [Manuskript]. L 210

160.   Schuchardt, Chr.:
          Das Wesentliche eines Kunstwerkes. (Aus der „Minerva" von Bran 1857. Bd. 1,
          Heft 3 besonders abgedruckt). L 234

161.   Schwarz, [Wilhelm]:
          Die Musik als Gefühlssprache im Verhältniss zur Stimm- und Gesangbildung. Leip-
          zig 1860. L 225

162.   *Shakespeare-Gallerie. Illustrationen zu Shakespeares dramatischen Werken.* Leip-
          zig 1847. L 41

163.   Sieber, Ferdinand:
          *Vollständiges Lehrbuch der Gesangskunst zum Gebrauche für Lehrer und Schüler des
          Sologesanges.* Magdeburg und St. Luis mo. [sic] 1858. L 147

[164.]   Skraup, Joannes Nepomucenus:
          Musica sacra pro populo. Pragae 1855. L 226

165.   Stafford, [William Cooke]:
          Histoire de la musique. Traduite de l'anglais par Adèle Fétis, avec des notes,
          des corrections et des additions par [François-Joseph] Fétis. Paris 1832.
          [Zusammengebunden mit:]
          Fétis, [François-Joseph]: *La musique mise à la portée de tout le monde.* Ed. 2me.
          Paris 1836. L 219

[166.]   *Statuten für den Österreichisch-Kaiserlichen Orden der eisernen Krone. / Statuti per
          l'ordine imperiale Austraico della corona di ferro.* [o. O.] 1816. L 607 gr.

167.   Steinacker, Gustav:
          *Des Meisters Walten. Festspiel zu Franz Liszt's Geburtsfeier. Aufgeführt auf der Al-
          tenburg am 22. October 1855.* Weimar [o. J.]. L 320

          siehe auch Treumund, G.

[168.]   Stern, Adolf:
          An Franz Liszt. Zum 22. Oktober 1856. Chemnitz 1856. L 77

Abb. 17 (S. 104 f.): *Shakespeare-Gallerie*, Leipzig 1847 (siehe Nr. 162, S. 103). – Geschenk des Verlegers und Hofbuchhändlers Bernhard Friedrich Voigt (1787–1859) mit eigenhändigem Widmungsgedicht auf dem ersten Vorsatzblatt: „Dem, der mich so oft gehoben, / Dem, den alle Frauen loben / Der das Gute nie verschoben, / Nie Cabalen hat gewoben / Der erleuchtet stets von oben: – / Dem soll dieses Buch gehören, / Dem mögt' es gern heut bescheeren / Sein treuanhänglichster / B. F. Voigt". Frontispiz (C. Piil. Graphische Anstalt von G. H. Friedlein in Leipzig) und Seite 9, Personenzettel *Hamlet* mit der Weimarer Besetzung vom 19. Dezember 1847 von der Hand B. F. Voigts.

Hamlet.

HAMLET, PRINCE OF DENMARK.

Tragödie in fünf Aufzügen.

⸻ ❊ ⸻

PERSONEN.

Claudius, König von Dänemark.
Hamlet, Sohn des vorigen und Neffe des gegenwärtigen Königs.
Polonius, Oberkämmerer.
Horatio, Hamlet's Freund.
Laertes, Sohn des Polonius.
Voltimand,
Cornelius,
Rosenkranz,   } Hofleute.
Güldenstern,
Osrick, ein Hofmann.
Ein anderer Hofmann.
Ein Priester.
Marcellus,   } Offiziere.
Bernardo,
Francisco, ein Soldat.
Reinhold, Diener des Polonius.
Ein Hauptmann.
Ein Gesandter.
Der Geist von Hamlet's Vater.
Fortinbras, Prinz von Norwegen.
Gertrude, Königin von Dänemark und Hamlet's Mutter.
Ophelia, Tochter des Polonius.

    Herren und Frauen vom Hofe, Offiziere, Soldaten, Schauspieler,
      Todtengräber, Matrosen, Boten und anderes Gefolge.

Die Scene ist in Helsingör.

9

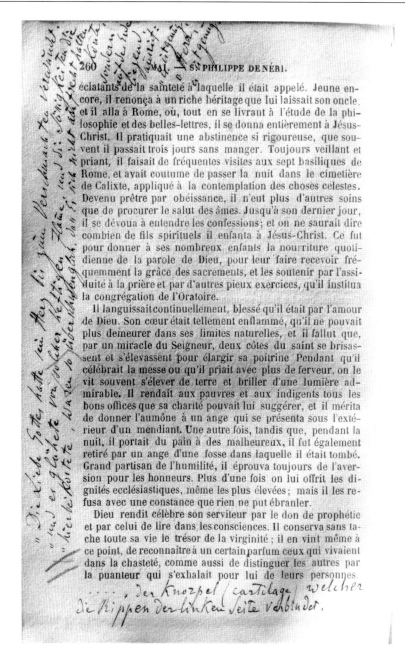

Abb. 18: *Vies des Saints pour tous les jours de l'année suivant l'ordre de l'office romain*, Paris 1859 (siehe Nr. 175, S. 107). – Mit Annotationen Liszts. Geschenk der Fürstin Marie von Hohenlohe-Schillingsfürst vom 21./22. Mai 1903 an das Liszt-Museum Weimar.

169. Stern, Adolf:
Geschichte der neuern Litteratur. Bd. 1–7. Leipzig 1882–1885. L 149 a–g

[170.] Stern, Daniel [d. i. Marie d'Agoult]:
Moralische Skizzen und Reflexionen. Nach der dritten Auflage des französischen Originals bearbeitet und herausgegeben von August Carl Müller. Berlin 1862. L 346

[171.] Stern, Daniel [d. i. Marie d'Agoult]:
Nélida. – Hervé. – Julien. Nouvelle Édition. Paris 1866. L 343

siehe auch Duverger, Jacques

172. Tardieu, Charles:
Lettres de Bayreuth. L'anneau du Nibelung de Richard Wagner. Représentations données en août 1876. Bruxelles 1883. L 171

173. Treumund, G. [d. i. Gustav Steinacker]:
Des Meisters Bannerschaft. Festgallerie von Zukunftskunst-Portraits zu Franz Liszt's Geburtstagsfeier am 22. October 1857 auf der Altenburg. Weimar [o. J.]. L 322

siehe auch Steinacker, Gustav

174. Türk, Daniel Gottlob:
Anweisung zum Generalbaßspielen. 5. Auflage [...] von Dr. [Johann] Fr[iedrich] Naue. Halle 1841. L 146

175. *Vies des Saints pour tous les jours de l'année suivant l'ordre de l'office romain*. Ed. 3me. Paris 1859. L 152

176. *La Voix du Peuple*. No. 1–91 (1. Oktober – 31. Dezember 1849). Paris 1849. L 496 gr.

177. Wagner, Richard:
Ein Brief über Franz Liszt's Symphonische Dichtungen (Abdruck aus Nr. 15 des 46. Bandes der *Neuen Zeitschrift für Musik*). Leipzig 1857. L 65

178. Wagner, Richard:
Lohengrin. Romantische Oper in drei Acten. Weimar, 28.8.1850. [Textbuch mit Personenzettel der Aufführung]. L 164

179. Wagner, Richard:
Parsifal. Ein Bühnenweihfestspiel. Mainz, London, Paris, Brüssel 1877. [Textbuch]. L 1852

[180.] *Wagneriana. Beiträge zur Richard Wagner-Bibliographie*, hrsg. von Emerich Kastner. 1. Teil: *Briefe Richard Wagners an seine Zeitgenossen* (1830–1883). Wien 1885. L 165

[181.]   *Wartburg-Gruß den Feiernden des 5. September 1857.* Meiningen [o.J.]. L 567

182.   *Weimars Festgruss an Franz Liszt am Morgen des 22. October 1860 bei Ueberreichung eines von Jungfrauen Weimars gestickten Lorbeer-Kranzes durch Fräulein Louisabeth Röckel.* Leipzig 1860. L 312

[183.]   Weitzmann, C[arl] F[riedrich]:
         Die neue Harmonielehre im Streit mit der alten. Leipzig [o.J.]. L 222

184.   Weitzmann, C[arl] F[riedrich]:
         Der verminderte Septakkord. Berlin 1854. L 139

185.   Winterfeld, Carl von:
         Zur Geschichte heiliger Tonkunst. [o. O. u. J.]. L 207

186.   Wohlmuth, Alois:
         New Yorker Kunst- und Straßenbilder. Wien 1883. L 109

187.   Zellner, L[eopold] A[lexander]:
         Über Franz Liszt's Graner Festmesse. Wien 1858. L 69

         Zielinska, Olga: siehe Janina, Olga und Franz, Robert

188.   Zsasskovszky, Franciscus:
         Manuale Musico-Liturgicum (Karénekes kézikönyv.) in usum Ecclesiarum cathedralium et ruralium (Editio latino-hungarica). Agriae [Eger] 1853. Dass. *Chorálna Kniha obriadow cirkewnych* (Editio latino-slavica). [Zusammengebunden.] L 204

189.   Zsasskovszky, Franc[iscus] und Andr[eas] Zsasskovszky:
         Cantica Sacra, concentus, et preces Liturgicae pro praecipuis anni festivitatibus nec non funeribus ac exequiis. Agriae [Eger] [1859]. L 218

Anhang

Büchertitel – wörtlich zitiert – im Verzeichnis Nr. 315 (HStA Weimar, Staatsministerium, Department des Kultus 315), die in der Liszt-Bibliothek der Herzogin Anna Amalia Bibliothek nicht überliefert sind (vgl. Abb. 2, S. 63–72). Die mit * versehenen Titel konnten in Liszts Budapester Bibliothek nachgewiesen werden (vgl. Eckhardt, *Einleitung*, S. 19, Anm. 26)

Goethe's Werke 8/12., 1 Bd.

Mühlmann, *lateinisch-deutsches Handwörterbuch*, 1 Bd.

Rammler, *Briefsteller*, 1 Bd.

Jackson, *His Presence*, 1 Bd. Mit Widmung und Brief d. Autor's d. d. London, 5./4.1886.

G. Michell, *Buch der Esel*, 1 Bd.

Nohl, *das moderne Musikdrama*, 1 Bd. Mit Widmung des Autors, Heidelberg 21./V.84.

Nohl, *die geschichtliche Entwicklung der Kammermusik*, Braunschweig, 1885. Russische Preisschrift. Mit Brief des Autors, Heidelberg 25./IV.85.*

Charles Beltjens, *Beethoven*, 1 Bd. Mit Widmung des Autors, Littarst 27./III.86.

Stein, *Kyriale sive Ordinarium Missae*, Köln 1850. 1 ungeb. Bd.

Lecke, *Dies irae in 12 Varianten*, München 1842.

Choralbuch zu A. Knapp's Liederschatz, Stuttgart 1846. Lfrg. I.

Bierbaum, *Katholisches Gesangbuch*.

Hauschoralbuch, Gütersloh 1850.

Elpis Melena, *Garibaldi*, 1 Bd.

Die isländischen Briefe, Charakterbild in 3 Akten, Frankfurt 1882, 1 Bd.

Edm. Hippeau, *Heinrich VIII. und die französische Oper*, 1 Bd. ungebdn.

Führer durch Karlsruhe, 1 Bd.

Fetis, *Musikalische Biographien*, 8 Bde.

Halévy [recte: Léon und Marie Escudier; Halévy ist nur Verfasser des Vorwortes], *Dictionnaire de Musique*, 2 Bde.

Cantarium sancti Galli

Schwarz, *Sÿstem der Gesangskunst*

Schilling, *Musikgeschichte*

Sowieski [recte: Sowinski], *Les Musiciens polonaises*

Wagner, *Zukunftsmusik*

Duette.

Schilling, *Harmonielehre.*

Pohl, *Akustische Briefe*

Schilling, *Dr: F. Liszt's Leben und Wirken*

Kempe, *Musikalische Aesthetik*

Kempe, *Kirchenmusik*

Andri [recte: André], *die Tonsetzkunst*

Escudier, *Rossini*

Kandler, *Palestrina**

Ett, *Cantica sacra*, 2 Bde.

Register